启笛

卢 回 有 慧 智

像历史学家一样思考

美国特级教师的历史课

程修凡 著

北京大学出版社
PEKING UNIVERSITY PRESS

图书在版编目（CIP）数据

像历史学家一样思考：美国特级教师的历史课 / 程修凡著. -- 北京：北京大学出版社，2025.8. -- ISBN 978-7-301-36380-5

Ⅰ. G633.512

中国国家版本馆 CIP 数据核字第 2025GD7228 号

书　　　名	像历史学家一样思考：美国特级教师的历史课 XIANG LISHI XUEJIA YIYANG SIKAO：MEIGUO TEJI JIAOSHI DE LISHIKE
著作责任者	程修凡　著
责任编辑	李凯华　魏冬峰
标准书号	ISBN 978-7-301-36380-5
出版发行	北京大学出版社
地　　　址	北京市海淀区成府路 205 号　100871
网　　　址	http://www.pup.cn　新浪微博：@ 北京大学出版社
电子邮箱	zpup@pup.cn
电　　　话	邮购部 010-62752015　发行部 010-62750672 编辑部 010-62752824
印刷者	天津中印联印务有限公司
经销者	新华书店 880 毫米 ×1230 毫米　16 开本　19.25 印张　231 千字 2025 年 8 月第 1 版　2025 年 8 月第 1 次印刷
定　　　价	59.00 元

未经许可，不得以任何方式复制或抄袭本书之部分或全部内容。
版权所有，侵权必究
举报电话：010-62752024　电子邮箱：fd@pup.cn
图书如有印装质量问题，请与出版部联系，电话：010-62756370

目录
· CONTENTS ·

推荐序一　学会像历史学家一样思考 1

推荐序二　批判性思维之旅 5

上篇　议题讨论型课堂

第一章　历史课的开场白：午餐打架事件 003

　　　　为查明真相，校长询问了很多学生和老师，他们都是这起事件的目击证人。到底是谁首先挑起争端？哪些人参与了打架？打架是何时开始的？……对于这些问题，校长收到了不同的证词，并且非常重要的是：没有一个人说谎！

　　　　故事是谁说的？说了什么？没有说什么？重点说了什么？怎么说的？为什么这么说？这些都是需要我们去破解的"谜题"。

第二章　启蒙运动与美国立国 008

　　　　启蒙运动的哲学家相信人就本性而言是理性的和善良的，他们希望政府和社会建立在理性之上。你是否同意人类本质上是"善"的，能够用理性来支配行动？或者你持相反意见，认为人类生而有原罪，需要严格的法律武器来强制维持秩序？请说明你的理由。

看着这个问题，我心里产生了一个很大的困惑：美国建国到底基于什么？是启蒙运动的"理性"还是基督教的"原罪"？

一、一张家庭作业纸 / 009

二、一堂让我目瞪口呆的讨论课 / 012

三、来不及做笔记的"一言堂" / 014

四、理性或罪性——哪个是美国政府的奠基？ / 017

五、我的探索：美国真的是基督教立国吗？ / 023

第三章 "犹太人大屠杀"：一份完整的教案 032

"大屠杀是怎么发生的？难道仅仅是因为希特勒，因为党卫军的领导人和纳粹高官们吗？"布切里老师说："一个族群的人把另外一个族群的人当作他者是历史上种族屠杀或种族灭绝的一个重要起因。"

课堂上我们探索upstander——选择抵抗纳粹，救助犹太人和其他受害者的个人、群体或国家——的故事，以及那些bystander——知道犹太人和其他人被迫害的事实，却选择保持沉默的个人、群体或国家——的故事。这些故事给我们提出了一个复杂的道德和公民问题。

一、"快速阅读"与"地理技能" / 032

二、他者与仇恨金字塔 / 034

三、勒尚邦的勇气 / 038

四、bystander 和 upstander：复杂的道德和公民问题 / 045

五、中学生排斥案 / 057

第四章 冷战时期的拉美：美国是主动干涉还是被动卷入？ 063

布切里先生在教授第十四章时围绕一个中心问题展开："美国

目录

在拉美的活动是 interfering（主动干涉）还是 intervening（被迫卷入）？"每次讲授完拉美某国与美国的纠纷之后，布切里先生都会问美国在这个国家的行动是 interfering 还是 intervening。

一、危地马拉 / 064

二、古巴 / 068

三、智利 / 073

四、拉美的课堂项目 / 076

第五章　像历史学家一样阅读 078

我们的历史课在一定程度上可以说就是批判性阅读课。我们阅读一手文献，考察两种不同教科书的记载，解读不同立场的文献，在历史的语境中阅读、查看不同类型的文献。

当然我们的课也是侦破课，布切里先生说："我们都是侦探，侦破历史真相。"每天都有一个历史议题等待我们，每天都有新发现。我们拿到每堂课的阅读资料，就像考古学者来到发掘现场。

一、阅读一手文献 / 079

二、考察两种教科书的不同记载 / 083

三、解读不同立场的文献 / 085

四、进入历史的语境中阅读 / 091

五、一堂专门的文献评估课 / 097

第六章　读图读历史 101

布切里先生的课堂除了重视训练我们批判性阅读的能力外，还十分注重引导我们读图读历史，因为不仅文字在叙述历史，各种视觉资料也在叙述历史并帮助我们理解历史。每堂课预热环节之后的

"图片侦查"、在讲述帝国主义时期时开展的"画廊行走活动"、利用文字资料和图片资料探讨"为何纳粹的宣传会成功"等,都让我印象深刻。

一、图片侦查:"透过艺术看历史"和"图解历史" / 101

二、解读政治卡通:"画廊行走活动" / 108

三、运用地理技能 / 112

四、运用视觉资料探索历史议题 / 115

第七章 通过历史课训练批判性思维 118

  布切里先生也十分重视批判性思维的训练,无论是给我们布置"Be Critical"家庭作业、引导我们"读图、读历史",训练我们像历史学家一样阅读和思考,都是在培养我们的批判性思维。为此,他还会着重强调"概念的力量"和教科书中的"十七项历史技能"。

  掌握大量的历史事实不会让我们具备历史学科素养,历史学科的素养来自掌握历史分析技能,也就是批判性阅读和思考的能力。

一、概念的力量 / 118

二、批判性思维和十七项历史技能 / 125

三、讨论历史议题模块训练的主要技能 / 131

第八章 1968 年:全球视野 138

  在结束了一个学期的世界历史课程之后,老师用一周时间给我们讲述了一个年代:1968 年。因为世界是一个不可分割的整体,世界史的学习需要培养学生的全球角度和世界视野,学生要学会考察历史事件之间的相互关系。也就是说,布切里先生希望通过 1968 年这一特定年份教会我们学习历史的一个方法,即把这一年全球发

目录

生的重大事件合在一起，分析全球性问题。

一、音乐中的 1960 年代 / 139

二、《休伦港宣言》/ 143

三、1968 年的四个抗议 / 146

四、如何评价 1968 年？/ 150

下篇　历史项目研究

第九章　历史项目：探索性学习..................157

　　布切里先生教完一些重要章节或内容后，会设计一些历史项目。要想在历史课上取得好成绩就必须认真完成这些历史项目，即完成写作任务。写作任务不一定必须是历史论文写作，我们可以选择短文写作，也可以画漫画或做 PPT。

　　历史课不只是训练批判性思维，还能通过小组合作训练团队精神。无论是 PPT 或是 Poster，布切里先生都会注明小组有哪些角色，每个角色的具体任务是什么。

一、章节项目 / 158

二、期末考试项目 / 160

三、"历史学家小组"展示项目：个人项目和团队合作项目 / 162

第十章　人物研究：为什么曼德拉被广泛纪念？..................166

　　为什么美国到处张贴曼德拉的图片？我觉得"为什么曼德拉如此被美国纪念"也是一个值得去思考的问题。仅仅是因为曼德拉代表了平等、自由、宽容、和解吗？

曼德拉成为"美国英雄",是因为他符合"大卫对抗歌利亚"的模式,他是"小小大卫",对抗的是巨人——南非种族隔离制度,曼德拉不屈服地抗争直至最后取得了胜利,成为南非总统,找到了宽恕与和解的价值。

一、美国教材中的曼德拉 / 167

二、为什么是曼德拉而不是德克勒克? / 170

三、曼德拉象征了什么? / 172

四、为什么曼德拉成为美国英雄? / 180

第十一章　自选项目:"二战"中被忽略的中国 ………………………… 184

美国教科书中不提南京大屠杀,这引发了我对美国世界历史教科书的质疑,正如布切里先生说的:"不说什么"也是要破解的。

为什么不讲?是不是可以简单归因为中国和美国分别属于社会主义阵营和资本主义阵营呢?我觉得美国历史教科书里有强烈的西方中心主义,正如"二战"时美国的立场是先欧后亚一样。

一、美国历史教科书中没有南京大屠杀 / 185

二、三方文献考察南京大屠杀 / 187

三、"二战"中被忽略的中国 / 189

四、我的探索:美国教科书为何忽略中国在"二战"中的地位? / 195

五、被夸大的美国 / 198

第十二章　美国教科书中的中国形象(上) ………………………… 201

美国教科书以"家庭价值观"作为观看中国文化的视角,"所有的小孩必须服从父母，妻子必须服从丈夫"，"小孩不被视为个体，而仅仅是家庭成员，事实上孩子——特别是儿子——的价值只是在田里工作、传宗接代并且照顾老人"。巴金"对中国家庭的严苛和禁锢有着深刻的理解"，由于"儒家的社会理想在影响力上急速衰落，欧洲和美国文化的影响正在上升"，中国"旧家庭体系的暴政开始崩溃"。

一、古代中国：孔子和家庭价值观 / 203

二、中国的文化变迁 / 208

第十三章　美国教科书中的中国形象（中） 216

随着清王朝的衰亡，中国沦为半殖民地半封建社会，西方人就换了一种眼光看中国，美国教科书中对太平天国和义和团的叙述视角都是以"殖民者"为中心的。与此同时美国教科书借着门户开放政策树立美国在国际事务中的美好形象。但美国真是关心中国生死存亡的"英雄"吗？

在一定程度上可以说，如果门户开放得更早，义和团运动会爆发得更早，而不是像美国教科书所说的那样，"门户开放政策"来得早些就能阻止义和团。

一、美国教科书中的"清王朝衰亡" / 217

二、英雄与"他者"：美国教科书的叙述角度 / 223

三、我的探索：美国真的是关心中国生死存亡的英雄吗？ / 226

四、我的探索：门户开放政策来得早些就能阻止义和团运动吗？ / 232

第十四章　美国教科书中的中国形象（下） 236

美国历史教科书说："在孙中山的政党看来，1911 年的事件是一场光荣的革命，它终结了两千多年的帝制。然而1911年的起义很难称得上是一场革命。它没有产生新的政治或社会秩序。""实际上，与其说1911年的事件是革命，不如说是旧秩序的倒塌。"为什么美国历史教科书说辛亥无革命？

一、美国教科书中的辛亥革命 / 236

二、我的探索：为何美国教科书说辛亥无革命？ / 240

三、美国教科书中的孙中山形象 / 247

附　录　技能培养手册..254
后　记..285

推荐序一
学会像历史学家一样思考

当我说我的职业是历史教师时，那些成年人不知道多少次告诉我："上学时，我恨历史课，那可真是最枯燥无聊的课程。"尽管我能理解他们的感受，但听到这样的回答，我实在感到难堪。仅仅依赖传统的教学方法，历史这门课程对所有人都可能是最枯燥无聊的。然而历史本身绝对不是这样，枯燥无聊的只是历史教学的过程和理念，以及其背后的目标。

传统的历史教学方法固化了"教师是权威的专家"这种思路，学生只能听教师讲授知识，教师会罗列出史实让学生们记住，并通过考试来检验学生们记住了多少。这样的教学方式忽视了学生对知识的理解能力和运用能力，反而鼓励学生被动地接受信息。如此一来，教育只是提高了学生的背诵能力和记忆力，而非理解力和批判力。

历史不可以这么教！老师只传授学生一系列历史事件和历史日期是不行的。学生的脑袋不是一个敞开的盒子，等着你往里面装东西，而这些东西只是用来应对考试，考试过后就被永远抛弃。

我们本应该是教学生去"研究历史"，而不是教学生"历史"。学生必须是积极的参与者，而不是被动的学习者。一个老师对着学生讲述历史，只要求学生记笔记，很少要求学生进行思考，对学生进行测试后继续一个人讲述历史——想一想有什么比这个更被动的课堂呢？实际上，一个教师必须擅长在课堂上扮演不同的角色。

理所当然，教师确实应该是一个熟悉自己教授内容的专家，然而，教师也应该是一位批判性思维训练的推进者。教师必须为学生设计学习目标，这个学习目标既包括历史内容目标也包括历史思维技能训练目标。然后要设计一个课程并营造一个学习环境，让学生能够达成并超越这些学习目标。

我努力让我的学生们养成历史学家式的思维习惯，也就是我们说的学科素养。我不仅对学生讲解那些有口皆碑的历史专家诠释过的历史，还邀请他们深入讨论。我使用开放式的问题引导学生进入探索发现之旅，我们像历史学家一样思考，像历史学家一样讨论，像历史学家一样整合我们对历史问题的领悟。我的课堂是积极的课堂，每个学生都必须参与到这个过程中来，因为学习是一种社会性的活动。

历史是关于过去的讨论，如果学生只读教科书，那么他们只会从一个角度看历史并且以后会无条件地接受任何呈现给他们的信息；如果学生只听老师讲课，后果也是一样。任何时候，仅仅从一个角度讲授历史，我们都会极大地伤害到学生。我们绝对不能向学生展示一个凝固的历史，而是要展现多变的历史。

对历史事件和历史时代的解释在改变，然而这个改变是如何发生的？

学生能否像历史学家一样参与到理解和解析历史的过程中去？

学生能不能考察不同来源的文献并形成自己的结论？

学生能否评估历史学家和历史老师的观点？

我肯定地说：完全可以！就应该这样。我们要允许学生去批判性

推荐序一
学会像历史学家一样思考

思考。我们必须向学生表明他们自己的观点至关重要，他们需要自己构建各种历史主题的意义。有了这层认识之后，老师的地位只会变得愈加重要，因为老师必须引导学生有所依据地解释过去，并且教会学生辨识哪些是没有根据的。

这样历史就会变成一门最令人兴奋的课程，学生从我这里得到的每一个历史议题，我都会提供一系列文献，这些文献向他们展示复杂的、差异极大的多种观点。接下来我会训练学生的历史思维能力——我们对这些文献追本溯源去分辨其中的主观偏见和客观观点；我们将这些文献置于特定的语境，旨在基于文章的写作背景来理解文献，然后将其与我们现在的理解相比较；我们让文献相互佐证，目的是检验它们是否可靠，然后对一个历史议题构建出一个更清晰的理解。

每天我的课堂都是从开放式的讨论开始的，这能够帮助学生预备当天的课程。讨论时我不做讲解，只提出问题，并激发课堂有更多的声音加入讨论。下一步，我们会观察视觉材料，这样可以吸引学生投入教学。在课程开始时我也会强调所有人必须参与，必须积极思考，然后我们开始进入训练历史思维的任务。提出一个历史核心问题后，我给学生发放具有多样性的一手资料和二手资料，通过教学活动引导他们仔细阅读文献，建立联系，形成历史观点。

我的课堂不会结束，除非师生们一起阅读过，一起讨论过，一起写作分享过。学生们享受这个课堂，因为他们知道他们的投入和付出会获得超值的回报。他们是一切。

学习是一种社会性活动，学生通过互动交流来锻炼理解力。可以说，历史老师应该把课堂变成一个不断互动的空间，尽可能多地创造机会让学生们来探讨历史，建立属于自己的批判性思维框架。历史教师的角色更应该是"内容服务商",而不仅仅是"内容提供者"。或许对于教师而言,最重要的不是在课堂上教历史,而是帮助学生建立起思考的能力。

    修凡是个令我难忘的学生,我很珍惜有这样的机会成为他世界历史课的老师。我相信我从他那里学到的和他从我这里学到的一样多。修凡每天都勤奋学习,他总是把课本带到课堂上,尽管我的课堂并不要求带课本。上课前,他会打开课本阅读,阅读的时候他的脸上洋溢着快乐的神情。开始上课时,他会合上书本,聚精会神地投入我们探讨的历史议题当中。那一年我最喜欢的日子就是和修凡一起探讨世界历史课程中与中国相关的部分。很幸运有机会透过修凡的视角,我知道了中国历史课是如何教授这些内容以及中美在教授这些内容时的差异。我希望每一个美国老师都能有这样的机会。

    我特别推荐这本书给中国的学生和教师,这本书能让他们看到美国历史教学是什么样的。同时也将这本书推荐给所有有志成为教师的人。我相信每个人都会喜欢这本书,只要他认为培养积极参与精神和批判性思维对于我们的学生、对于我们的未来是至关重要的。

丹尼尔 · 布切里
2016 年 6 月 20 日,星期一

推荐序二
批判性思维之旅

修凡的这本书是一次批判性思维之旅。

2013年7月，我受邀到美国加州大学洛杉矶分校访学，即将读初三的儿子随行和我们一起赴美，就读当地的威尼斯高中九年级。当他在威尼斯高中第二学期刚刚开始的时候，回家向我们描述布切里先生如何上"犹太人大屠杀"的课，我们觉得美国的历史课教学充满了思辨性：大屠杀引出了旁观者（bystander）和抗争者（upstander）的思考，并且这两者之间的界限有时还有些模糊，这完全超出了我们过去所接受的阶级论或革命论的立场，黑白变得不再分明，人性变得更加丰富和真实。在解释大屠杀的起因时，他介绍了他者（others）理论与仇恨金字塔，让我眼前一亮，对这一历史事件的解释不局限于纳粹主义和希特勒个人的罪过，而是探索了历史事件背后更深更复杂的社会、文化、宗教、种族等因素。那晚之后，我们夫妇开始饶有兴趣地关注起修凡历史课的课程进展。

正如修凡在这本书中展现的，美国历史教学充满了批判性思维的训练，这构成了美国教育的核心。所谓现代教育就是以批判性思维为核心的素质教育，美国前总统奥巴马对中学生演讲时说道：

你们需要通过理科课程的学习，获得知识和解决问题的技能，治疗癌症和艾滋病，开发新能源技术，保护人类的生存环境。你们需要从文科学习中培养洞察力和批判性思维，消灭贫困、愚昧、犯罪和歧视现象。

这样看来，批判性思维对文明社会的公平、法治、正义、和平等价值有着重要的促进作用。做一个好公民，必须有批判性思维，否则就可能产生平庸的恶，这是美国人的观念。必须批判性阅读，必须去伪存真，并且能够理解历史的前因后果。在合格的历史课中，这些本领的培育都应处于核心地位。历史课的重要性不言而喻。

修凡在这本书中介绍了美国历史课教学如何具体地贯彻批判性思维的训练，布切里先生训练他们"像历史学家一样思考"：在教科书之外阅读一手文献；考察两种不同教科书的记载；对不同立场的文献进行解读；查看不同类型的文献，进行文献评估；进入历史语境中阅读。

当然，批判性思维训练的第一步就是要确定概念的含义，这对习惯了接受模糊定义，不解释、不质疑概念内涵的中国学生而言很有挑战性。这种思维训练类似于数学定理或哲学本体论概念的探索，打开了一个人的思维之门。

美国高中历史课本的附录中有《批判性思维：技能培养手册》，其中列举了十七项历史技能。按照修凡的表述，布切里先生的课堂有两大模块，一是带领同学们讨论历史议题，二是引导同学们去探索历史项目。通过这两大模块，布切里先生综合训练他们这十七项和批判性思维相关的历史技能。

推荐序二
批判性思维之旅

一方面，在课堂上给出一个历史议题，围绕其发放多角度多类型文献，训练学生批判性阅读，在鉴定文献和评估文献时，做对比、理解起因及影响等技能的训练就会贯穿其中。

其中还包括读图读历史。美国历史教科书图文并茂，有大量地图、油画、照片、卡通图等形式多样的图片，这让历史变得生动、直观、有趣。布切里先生会利用各种视觉资料帮助学生理解历史。修凡在书中说：

> 每堂课的课前预热环节之后的"图片侦查"、在讲述帝国主义时期时开展的"画廊行走活动"、利用文字资料和图片资料探讨为何纳粹的宣传会成功……都让我印象深刻。当然，在"读图历史"中布切里先生最为强调的是读地图。

这种形式的教学需要链接和运用各个学科的知识和能力，来促进历史教学中的批判性思维训练，并能够为训练一个人的思维能力打下坚实的基础。

另一方面，布切里先生训练学生探索历史项目，这对修凡在学习历史的过程中培养自我探索能力也起到了积极的作用。

在美国访学期间，一天晚饭后，全家人围坐在餐桌前听儿子讲美国国父们的信仰，讲着讲着，儿子对美国是不是基督教立国产生了浓厚的研究兴趣，一般的历史教科书总是把美国的立国追溯到清教徒乘坐"五月花"号到达美国为起点，美国历史教科书也乐此不疲地从这里开始介绍美国的开国历史，因此常常有人说：美国是基督教立国，因为美国大部分人是基督徒，美国总统要手按《圣经》宣誓，美国货币上印着 In God We Trust。但是修凡在关于启蒙运动的课上发现"自由、平等、三权分立"这样的"美国政府特征"是从启蒙思想家来的，这就引出一个问题：美国国父们到底信仰的是什么"神"？是自然神论者的"神"还是基督徒的"神"？后来他不断地查资料做分析，本书上篇第二章"启蒙运动与美国立国"的后半部分就是那次谈话的结果。

美国历史教科书在讲到"二战"时居然不提南京大屠杀，这也引发了修凡对美国世界历史教科书的质疑，正如布切里先生说的："不说什么"也是要破解的。美国历史教科书在提到"二战"亚太战场时列举的战役是硫磺岛之战、冲绳之战、马绍尔群岛之战、瓜岛之战、中途岛之战等十个战役，没有提到中国主战场，没有提到武汉会战、长沙大捷、缅甸战役……修凡从这个线索开始了对美国教科书为何忽略中国在"二战"中的地位这一问题的探究。

曼德拉原本在美国政府的恐怖分子名单中，为何后来又成了一个在美国被广泛宣传的英雄？

对于中国现代史，为什么美国教科书要强调辛亥无革命？为什么要如此低估辛亥革命的意义呢？修凡对历史的浓厚兴趣引导他不断提出问题，通过自己的历史探索，完成了很多课题和项目，这些问题使修凡的历史阅读充满了深度，也给我们全家增添了很多谈话的乐趣和挑战。

陪伴儿子成长的过程给我们的家庭增加了无限的乐趣，我们也因此开始了教育问题的研究和实践。在美国访学的一年多时间里，我们夫妻主要都在收集华人移民和留学生的资料，研究美国华人和留学生的生存样态，其中，我们对美国教育的研究主要是做公立、私立与在

推荐序二
批判性思维之旅

家教育（Homeschooling）的比较，以及不同族裔移民后代教育差异的比较。

有一次，我们访谈几个在实验室工作的中国名校毕业的博士后，当问到他们能不能在自己的领域超越美国人、做到国际领先水平时，有人回答说："不可能，我们是应试教育培养出来的，不喜欢的科目照样能够考高分。这些美国人实在很厉害，他们是真喜欢，有很多的想法，他们不会勉强自己去做自己不喜欢的专业，大多数中国博士后只是在实验室根据别人的想法进行操作而已。"

在对美国大学中很多中国留学生进行访谈后，我们发现由于当下的中国教育批判性思维的训练还不足够，一些学生出国留学以后难以融入西方大学的课堂教学和项目研究，高度应试化的学习固化了学生的思维，使学生在科学研究最终需要的创造力上缺乏后劲。对个人和一个国家的教育来说，以批判性思维为核心的创造力才是最重要的。

这本书详尽展现了美国中学如何教授历史课以及通过批判性思维的训练培养公民素养的教学过程。对于大部分留美高中学生而言，历史课是最难应对的学科，国内目前也没有这方面的系统研究和介绍。这本书通过作者亲身体验美国高中历史课堂教学的经历，客观展现了美国中学学科教学的内在环节。当前中国人在教育创新和课程改革中越来越关注西方教育的实际教学过程，希望这本书会被深入研究西方教育教学过程的专家、教师和准备留学的中学生所关注。

修凡在本书上篇第八章"1968年：全球视野"中引用了鲍勃·迪伦的歌词，这也是我们所共同喜欢的：

来吧，地上的父母

别责备你们所不了解的一切

你们的儿女正超越你们的掌控

你们的路正迅速老化

请让开道路，如果你们不伸手帮助

这是一个变革的时代

  我们以这样的心情祝愿所有的孩子都能在"变革的时代"里自由、无畏地成长，走出属于自己的路。

程平源

2016 年 10 月 15 日

上篇

议题讨论型课堂

第一章

历史课的开场白：午餐打架事件

2013年8月，我成为威尼斯高中的一名新学生，而布切里（Buccieri）先生恰好成为威尼斯高中的新老师，他刚从马克·吐温初中转到威尼斯高中。威尼斯高中的校报《划桨者》（*The Oarsman*）在《欢迎新老师》（图1-1）一文中写道：

> 布切里先生在威尼斯高中的教学目标是让学生成为批判性的思考者，成功地引导学生批判性地讨论各种议题。在午餐和营养餐时间，他将在自己的办公室帮助学生，他也会通过自己的网站Edmodo.com给同学们提供帮助，大家可以通过网站发送问题，布切里先生将亲自给予解答。

布切里先生当选过加州洛杉矶学区（LAUSD）和洛杉矶郡的年度教师，这个荣誉称号类似于中国的特级教师。这位美国"特级教师"十分有亲和力。每次上课前他都会站在教室门口等待同学们的到来，并且向大家一一打招呼问好。下课时他会和同学们道别并送上祝福。这种方式让我们感到温暖，特别是刚到威尼斯的国际学生。因为美国高中是选课制，任课老师在自己固定的教室，学生根据自

图 1-1

已选课的情况一节节地跑班。从我个人经验而言，大部分美国老师的课堂上师生关系、同学关系都不算亲密，当然布切里先生的历史课堂除外，由于选修了他的历史课，我甚至在体育课上和夏令营里都能交到朋友。

"你的历史老师也是布切里先生？"

"是的。"

很快，两个原本不熟悉的人一下子就变得熟悉起来，彼此都觉得十分亲切，并且有了很多可以谈论的话题。

布切里先生的教室布置比较独特。课桌椅的摆放明显和其他科目的教室不一样。教室里四张课桌被拼成一个大的方形。一共四组这样的方形，每组可以坐八个学生，这样的布置一眼看去就能让人知道，

第一章
历史课的开场白：午餐打架事件

在布切里先生的历史课上，小组讨论的比重比较大。教室入口的右边有一小排矮矮的书架，上面摆放了不同版本的世界历史教科书和教师用书，供学生取阅。右面的墙上花花绿绿地贴满了历史

> **The 5p's**
> You are expected to
> 1. Be Prompt!
> 2. Be Prepared!
> 3. Be Polite and Respectful!
> 4. Be Productive!
> 5. Be A Participant!

图 1-2

图片、地图、学生作业等。其中一张白色 A4 纸十分醒目，上面用大大的字号打印着"课堂 5P 原则"（图 1-2）。这个课堂原则除了贴在教室墙上，也打印在了他发给每个学生的教学大纲上。

布切里先生希望他的学生在课堂上反应迅速，提前准备，温文有礼，富有成效，成为参与者。这五点我觉得我和同学们基本都能做到。但这只是他对学生最基本的要求。"要有批判性（Be critical）""要像历史学家一样阅读（Reading like a historian）""要像历史学家一样思考（Thinking like a historian）"是布切里先生的口头禅。他期待学生都能"像历史学家"，我不知道我和我的同学们是否都能达成老师的"高期待"，但布切里先生的历史课却远远超过了我和同学们对这一学科的期待。

正式上课前，布切里先生有个十分钟的课前预热环节。我选修的九年级文学课课前也有十分钟预热时间，文学课老师会让学生阅读自己喜欢的图书，不喜欢读书的学生总会假装读书趁机偷偷聊天，这样到了真正的上课时间，课堂纪律不免会有些松散。相比而言，布切里先生的预热时间可以说是十分有效而欢乐。他会提出一两个问题让小组讨论，而后随机抽三位学生来回答。我们的桌子每张都有编号，随

机抽号前,布切里先生将一套他自己做的编号牌先洗一洗,打乱顺序,而后随机抽出一张,像公布抽奖结果似的举着抽到的号牌,开心地喊出某某号,被叫到号的同学也会起来回答问题,这个时候几乎所有的同学都期待自己是"中奖"的那一位。好的开始是成功的一半,这样的预热瞬间调动起了学生的积极性与参与性,接下来在课堂上大家变得十分活跃,没有人开小差。

我们的第一堂历史课是从一桩"午餐打架事件"开始的。

布切里先生让我们想象自己是一所学校的校长,要处理一起学生打架事件,打架时间是午餐时间,地点是午餐餐厅。为查明真相,校长询问了很多学生和老师,他们都是这起事件的目击证人。到底是谁首先挑起争端?哪些人参与了打架?打架是何时开始的?对于这些问题,校长收到了不同的证词,并且非常重要的是:没有一个人说谎!

讲完这个"午餐打架事件",布切里先生让我们这些"校长"分组开会,讨论以下问题:

  1.如果没有一个人说谎,怎么会出现不同的说法(或证词)呢?
  2.目击这起打架事件的是哪些人?比如参与者的朋友、不认识参与者的学生、参与者本人、老师。
  3.是什么让一个人的说法比另一个人的说法更加可信?

我们小组的同学都觉察出老师让我们讨论"午餐打架事件"其实是抛砖引玉。我们把老师的三个问题转换成了以下内容。

第一章
历史课的开场白：午餐打架事件

1. 历史书注重客观事实，不会有意"说谎"，但为何同一历史事件会有不同的叙述版本和不同的意义总结？这是怎么发生的？

2. 历史撰写者的身份、立场和角度会导致不同的故事版本，我们阅读历史书的时候应该怎样去界定作者是什么人？

3. 是什么因素导致一本历史书比另一本历史书更有可信度？

小组讨论十分热烈。我们讨论了不同版本的哥伦布发现新大陆，不同版本的美国独立战争……我们讨论的时候，布切里先生会到每个小组去倾听并引导讨论往更深层次进行。

讨论的时间过得很快。当老师让四个小组都推举一个人来总结自己小组对"午餐打架事件"的分析时，我们仍处在激烈的讨论中，不想结束。

四位"校长"陈词后，布切里先生进行了深化与总结：

故事是谁说的？说了什么？没有说什么？重点说了什么？怎么说的？为什么这么说？这些都是需要我们去破解的"谜题"。

对这句关键总结我记忆深刻，由于这句总结，布切里先生的历史课堂对我来说成了奇妙有趣的"侦破之旅"；由于这句总结，在我"被辍学"的那段时间里，我开始兴趣浓厚地回顾他的世界史课程，并开始"检测"美国世界史教材。

第二章

启蒙运动与美国立国

加州高中世界史教科书用的是麦格劳－希尔（Glencoe McGraw-Hill）出版的《世界历史：近现代》(*World History: Modern Times*)（图2-1），课本又厚又重，差不多是A4纸那么大的开本，铜版纸，全彩印刷。翻开课本，几乎每一页都图文并茂，令人赏心悦目。正文847页，外加十几页的目录，拿到手上，实在是比砖头还重。

这套教材按照单元／章／节的格式进行编排，全书只有四个单元：

第一单元：现代来临之前的世界：3000BC—1800

第二单元：欧洲殖民时代：1800—1914

第三单元：20世纪

第四单元：面向全球文明

第一单元分成三章：

第一章：古代世界的遗产：3000BC—1600

第二章：革命与启蒙：1600—1800

第三章：法国革命和拿破仑：1789—1815

第二章
启蒙运动与美国立国

图 2-1

讲课时,布切里先生跳过了第一章,直接进入第二章。第二章共有三节:

1. 光荣革命
2. 启蒙运动
3. 美国革命

一、一张家庭作业纸

在总结完"午餐打架事件"后,布切里先生给我们发了一张家庭作业纸。

布切里先生的家庭作业纸通常包括三个部分：

第一部分是预习题。第二章的预习题是：

阅读教科书第176—197页，使用课本的证据来回答以下问题，写在笔记本上（笔记会在周五检查）。

周一，阅读课本第176—180页。

1. "君权神授"到底是什么意思？

2. 英国内战中的两个派别是什么？

周二，阅读课本第181—182页。

3. 约翰·洛克的一些关键理念是什么？

周三，阅读课本第184—189页。

4. 解释"分权"思想。

5. 卢梭的"社会契约论"是什么？

周四，阅读课本第194—195页。

6. 约翰·洛克在何种程度上影响了美国的《独立宣言》？

很难想象，一个学生如果不带着作业纸上的问题去阅读，第二天在课堂上的表现会如何。布切里先生是不会照本宣科的，他很少在课堂上打开课本，而是给出事先准备的材料让同学们去阅读分析。

班上的同学都会认真地预习，因为在威尼斯高中每个老师都可以自己设计评分标准。布切里先生的教学大纲上写道：

90+=A, 80+=B, 70+=C, 60+=D, <60=F。

你的分数由以下作业成绩构成：

第二章
启蒙运动与美国立国

①笔记本检查（课堂作业/家庭作业）；

②考试与小测验；

③班级项目；

④写作任务。

周五的笔记本检查很重要，因为这一天是一周所有课堂作业和家庭作业的最后完成期限，并且这一项占很多的平时分。

作业纸的第二部分是一道批判性思考题。每周五布切里先生检查家庭作业时，这项作业他重点检查，如果发现某位学生有一些独特的观点，他就会单独和这位同学交流，或者发起班级讨论。

作业纸的第三部分是一幅和章节内容相关的图画。第二章的图画如图 2-2 所示。

图 2-2

在布切里先生的课堂上，阅读地图、卡通图画、照片、油画等是极为常见的教学内容，针对作业纸上的图画，布切里先生会做一些简要提示。比如，第二章的作业纸上的插图主要描绘了启蒙运动时代的人物，画面围绕一盏灯光展开，这盏灯光的寓意是"启蒙之光"，然后让我们透过图画去发现启蒙时代有哪些特征。

二、一堂让我目瞪口呆的讨论课

去美国之前，我听过这样的说法：中国留学生普遍羞涩，不喜欢参与课堂讨论。到美国后也常听到同样的说法。我一直认为不参与讨论和羞涩无关，应该是和英语表达能力不够好有关。比如，我参与了"午餐打架事件"的讨论，但说得不太多，因为尽管我有很多不同版本的历史故事想要分享，但语言组织的速度没有那么快。

可是，布切里先生一堂围绕启蒙思想家的讨论课让我目瞪口呆，我发现中国留学生不喜欢参与课堂讨论不仅仅和语言能力有关。

这节课上，布切里先生发了 A4 纸大小的课堂作业纸，题为"启蒙思想家"（表 2-1）。

表 2-1

引用	对你而言这句话的含义	同意或不同意	为什么
人生而自由，但却无往不在枷锁之中。自以为是其他一切的主人的人，反而比其他一切更是奴隶。 ——让-雅克·卢梭，《社会契约论》，1762			

第二章
启蒙运动与美国立国

（续表）

引　用	对你而言这句话的含义	同意或不同意	为什么
当立法权和行政权集中在同一个人或同一机关之手，自由便不复存在了。因为人民将要害怕这个国王或议会制定残暴的法律，并暴虐地执行这些法律。 ——孟德斯鸠，《论法的精神》，1748			
虽然我不同意你的观点，但是我誓死捍卫你说话的权利。 ——伏尔泰			
自然状态由一个自然法则掌管，这个自然法则也管理每个人。理性，就是这个法则。它教导我们，所有人都是平等独立的，没有人有权利去伤害别人的生命、健康、自由或财产。 ——约翰·洛克，《政府论》，1688			

　　我对启蒙运动思想家不算陌生，在中国的历史课上，老师给我们讲解过有哪些重要的启蒙思想家，他们分别提出了哪些重要思想，这些思想有哪些进步性和局限性。卢梭、伏尔泰、孟德斯鸠、约翰·洛克是我熟悉的名字，我读着作业纸上的四句名言，觉得每句话都意义深刻，似曾相识，但看着"对你而言这句话的含义"的问题，脑子突然一片空白，默默想了一下，决定暂时把这个问题替换成"这些思想有什么含义"，于是在自己的笔记本上写下了几行文字。接下来的问题"同意或不同意""为什么"对我同样有挑战性。一开始我有点吃惊，这四位伟大的启蒙思想家的重要言论我还能选择"不同意"吗？

我在笔记本上写上都同意，只是我为什么同意呢？我的脑袋再次一片空白。

独立思考完成课堂作业之后，开始了小组讨论。讨论很热烈，我的美国同学有各种想法，也有大胆质疑的精神，我意识到语言能力不是我参与美国课堂讨论的最大障碍，最大障碍是在中国没有遇到过这样的"练习题"，在中国的历史课上，我主要练习的是对历史事实的记忆，这种开放式的分析题和评估题是我没有练过的。

我并非不知道中美教育是有差异的，但布切里先生围绕启蒙思想家的讨论课让我深刻地认识到，中国留学生即便克服了语言关，缺少分析评价等思维能力的训练也将是一道障碍，且是最关键的一道障碍。我有点担心自己能在布切里先生的历史课上逾越这道障碍吗？

三、来不及做笔记的"一言堂"

通常，布切里先生的课上，讨论时间和讲课时间有着精妙的分配。看上去每堂课的提问、讨论和讲课所占的时间比例不同，但都十分紧凑和谐，绝不会出现"一言堂"。

不过，有一堂课对我而言却是一言堂，整堂课我一言没发，一直在听布切里先生的讲述。

这堂课布切里先生给我们下发了法国1789年《人权宣言》的节录版，节录了11条宣言。课上开始逐条发起讨论：你认为这条宣言是受到哪个（哪些）启蒙思想家的哪种思想的影响？你认为每条宣言的重要意义是什么？

第二章
启蒙运动与美国立国

听到这两个问题,我脑子里完全空白。

在同学们提出了自己的看法后布切里先生开始逐条分析。课堂信息量实在太大,涉及大量的专业词汇,我这个以英语作为第二外语的学生,整堂课都在竭力捕捉老师传递的信息和知识点,我身边的同学记下了不少笔记,而我只记下一些要点。

下课回家后,我察看了一下历史老师的节录本和《人权宣言》的完整版,并根据自己不完全甚至可能有点混乱的课堂记录整理了一个表格(表2-2)。

表2-2

《人权宣言》,法国国民议会,1789年8月26日 括号内是被节录掉的内容			
组成国民议会之法国人代表认为,无视、遗忘或蔑视人权是公众不幸和政府腐败的唯一原因,所以决定把自然的、不可剥夺的和神圣的人权阐明于庄严的宣言之中。(以便本宣言可以经常呈现在社会各个成员之前,使他们不断地想到他们的权利和义务;以便立法权的决议和行政权的决定能随时和整个政治机构的目标两相比较,从而能更加受到他们的尊重……)			
第一条	在权利方面,人们生来是而且始终是自由平等的(只有在公共利用上面才显出社会上的差别)。	洛克,自然法	平等
第二条	任何政治结合的目的都在于保存人的自然的和不可动摇的权利。这些权利就是自由、财产、安全和反抗压迫。	洛克,自然法	自由平等
(第三条 整个主权的本原主要是寄托于国民。任何团体、任何个人都不得行使主权所未明白授予的权力。)			
第四条	自由就是指有权从事一切无害于他人的行为(因此,各人自然权利的行使,只以保证社会上其他成员能享有同样权利为限制。此等限制仅得由法律规定之)。	卢梭,普遍意志	自由

(续表)

《人权宣言》，法国国民议会，1789 年 8 月 26 日 括号内是被节录掉的内容			
第五条	法律仅有权禁止有害于社会的行为（凡未经法律禁止的行为即不得受到妨碍，而且任何人都不得被迫从事法律所未规定的行为）。	卢梭	自由
第六条	法律是公共意志的表现。全国公民都有权亲身或经由其代表参与法律的制定。法律对于所有的人，无论是施行保护或处罚都是一样的。在法律面前，所有的公民都是平等的，故他们都能平等地按其能力担任一切官职、公共职位和职务，除德行和才能上的差别外不得有其他差别。	卢梭、洛克	友爱平等
（第七条 除非在法律所规定的情况下并按照法律所指示的手续，不得控告、逮捕或拘留任何人。凡动议、发布、执行或令人执行专断命令者应受处罚；但根据法律而被传唤或被扣押的公民应当立即服从；抗拒则构成犯罪。 第八条 法律只应规定确实需要和显然不可少的刑罚，而且除非根据在犯法前已经制定和公布的且系依法施行的法律，否则不得处罚任何人。）			
第九条	任何人在其未被宣告为犯罪以前应被推定为无罪，即使认为必须予以逮捕，但为扣留其人身所不需要的各种残酷行为都应受到法律的严厉制裁。	美国权利法案	平等
第十条	意见的发表只要不干扰法律所规定的公共秩序，任何人都不得因其意见，甚至信教的意见而遭到干涉。	伏尔泰	自由
第十一条	自由传达思想和意见是人类最宝贵的权利之一，因此，各个公民都有言论、著述和出版的自由（但在法律所规定的情况下，应对滥用这项自由承担责任）。	伏尔泰	自由

（续表）

《人权宣言》，法国国民议会，1789年8月26日			
括号内是被节录掉的内容			
（第十二条　人权的保障需要有武装的力量；因此，这种力量是为了全体的利益而不是为了此种力量的受任人的个人利益而设立的。 第十三条　为了武装力量的维持和行政管理的支出，公共赋税是必不可少的；赋税应在全体公民之间按其能力做平等的分摊。 第十四条　所有公民都有权亲身或由其代表来确定赋税的必要性，自由地加以认可，注意其用途，决定税额、税率、客体、征收方式和期限。 第十五条　社会有权要求机关公务人员报告其工作。）			
第十六条	凡权利无保障和分权未确立的社会，就没有宪法可言。	孟德斯鸠	平等 自由
第十七条	财产是神圣不可侵犯的权利，除非当合法认定的公共需要显然必需时，且在公平而预先赔偿的条件下，任何人的财产不得受到剥夺。	洛克	自由

启蒙运动的课程无论是教授环节还是讨论环节都十分挑战我的英语能力，尽管我感觉这两堂课的内容自己没有充分理解和吸收，但奇怪的是，不知不觉中，平等、自由、友爱的概念和思想开始在我脑海中生根了。

四、理性或罪性——哪个是美国政府的奠基？

布切里先生的周五课堂通常是这样安排的：首先，总结周一到周四的学习内容，并给出推进我们思考的问题。

接着，打开电视，给我们播放 CNN Student News（美国有线新闻网络学生新闻），当我们看 CNN 针对初高中生专门制作的新闻栏目时，老师开始逐一检查我们的笔记本、一周的家庭作业和一周的课堂作业的情况，并给出评分。

最后，是"星期五时间"（Friday time），这个时间段学生可以自由向布切里先生提问，和他一对一交流，或就他提出的"推进问题"自己组成小组进行讨论，当然布切里先生也会围绕本周的问题和学生的观点发起讨论。

可以说在一定程度上，每周家庭作业纸上的批判性思考问题是周五课堂的中心。因此周五之前我都在仔细思考这一周的问题：

> 启蒙运动的哲学家相信人就本性而言是理性的和善良的，他们希望政府和社会建立在理性之上。你是否同意人类本质上是"善"的，能够用理性来支配行动？或者你持相反意见，认为人类生而有原罪，需要严格的法律武器来强制维持秩序？请说明你的理由。

看到这个问题，我心里产生了一个很大的困惑：美国建国到底基于什么？是启蒙运动的"理性"还是基督教的"原罪"？

洛克、卢梭、伏尔泰、孟德斯鸠这些启蒙思想家都是自然神论者。自然神论的核心思想是：神创造这个世界之后，就不再干预这个世界，让世界按照自身的规律运行。伏尔泰有个经典的比喻，就是用钟表匠来类比自然神论者的"神"：

> 当我看见其指针表明了时刻的钟表的时候，我的结论是，有一个理智的存在物安排了这个机械的发条，于是它的指针可以

第二章
启蒙运动与美国立国

标明时刻。因此，当我看见人体的发条时，我的结论是，有一个理智的存在物安排了这些器官，使之在体腹中得到九个月的孕育和滋养；于是为了看而赋予眼，为了抓而赋予手，如此等等，但是仅仅根据这一个论据，我只能得出这样的结论：可能有一个理智的、更高级的存在物，非常巧妙地设计并制造了这样的事情。①

在自然神论者眼中，人既然是理智的神所创造的，人的本性必然是理性的、善良的。因此自然神论者高举"人的理性"。洛克在《人类理智论》中指出：人的理性包括人的推理（reasoning）能力和按照理性的命令采取行动的意志（willingness），理性赋予人独特的能力，高于其他事物，支配其他事物。无论是卢梭、伏尔泰还是洛克、孟德斯鸠，他们的社会政治学说都是建立在"理性"和"善良"的基础上的。

"人生来就有原罪"是基督教的核心思想，人性如果不是有罪，而是"理性"和"善良"的话，耶稣就不需要道成肉身，进入人类世界，为人类的罪被钉上十字架，成为"替罪的羔羊"。显然，自然神论与基督教有本质的区别。

"自由、平等、三权分立"这样的"美国政府特征"是从启蒙思想家来的，可也常常有人说，美国是基督教立国，因为美国大部分人是基督徒，美国总统要手按《圣经》宣誓，美国钱币上印着 In God

---

① 《伏尔泰著作集》（第 21 卷），转引自［美］詹姆斯·C. 利文斯顿《现代基督教思想》，何光沪译，四川人民出版社，1999，第 50 页。

We Trust（我们信仰上帝）。

我十分困惑，不知道"In God We Trust"的"God"到底是自然神论者的神还是基督徒的神。我决定把作业上的问题替换为："美国的建国之父到底是同意人是善良的，可以用理性来行动，还是持相反意见，认为人生而有原罪，需要严格的法律来强制维持秩序？"

美国高中放学早，作业少，有的是时间去探索问题的答案。我在Google 上打了一个关键词"建国之父（founding fathers）"，发现美国人对"建国之父"的信仰问题争论十分激烈。

一篇题为《我们的建国之父不是基督徒》的文章中写道：

> 我们国家被认为是一个基督教国家，不只大多数人是基督徒，国家本身也是基督徒建立的并为基督徒服务。然而，一些美国历史的研究显示这个说法是个谎言。散布这个谎言的是"基督教修正主义者"。他们试图篡改历史，正如否定大屠杀的人那样。那些建立美国根基的是一群启蒙主义者而非基督徒，他们是不相信《圣经》无误的自然神论者，是理性的、没有信仰的自由思想者。

这篇文章罗列了如下要点：1. 宪法没有说"美国是个基督教国家"。2.《独立宣言》提到了"自然神（Nature's God）"和"神圣天意（Divine Providence）"，但这是自然神论的语言不是基督教的语言。3. 美国与的黎波里（利比亚）1796 年签订的条约上写着：美国"无论从哪种意义来说都不是建立在基督教信仰之上"，这个条约是在华盛顿任总统时写的，在约翰·亚当斯任总统时签署。4. 没有一个建国

第二章
启蒙运动与美国立国

之父是无神论者,虽然在建国之父中有基督徒,但大部分建国之父是自然神论者。他们经常讲的神(自然神或大自然的神)并不是《圣经》里的神。文章接着指出:

> 如果基督徒右翼极端分子希望这个国家回到起初,那就让她那样吧。因为那是个自由思考的时代,建国之父是欧洲启蒙思想的学生。想想吧,如果第一届大陆会议的成员都是信仰《圣经》的基督徒,还会有革命吗?①

文章引用了历史学家理查德·B. 莫里斯(Richard B. Morris)1973年出版的著作《七个伟人塑造了我们的命运:作为革命者的建国之父》(*Seven Who Shaped Our Destiny: The Founding Fathers as Revolutionaries*)的研究结论:美国七位"关键"建国之父分别是:本杰明·富兰克林、乔治·华盛顿、约翰·亚当斯、托马斯·杰斐逊、约翰·杰伊、詹姆斯·麦迪逊和亚历山大·汉密尔顿,其中只有约翰·杰伊称得上是正统的基督徒,剩下的都是热爱自由的美国人。

而在美国一个网站 faithofourfathers(我们建国之父的信仰)上,有一篇题为《基督教和美国》的文章针锋相对地驳斥了《我们的建国之父不是基督徒》的观点:

> 上周我又听到了这样的说法,这让我觉得很恐惧。我是从一

---

① 全文参看 http://freethought.mbdojo.com/foundingfathers.html。

个受到良好教育的牧师那里听说的，他说：我们的建国之父不是基督徒，他们是自然神论者、无神论者、不可知论者。事实恰恰相反。

开宗明义之后，文章接着提到了天路客（pilgrim，1620年移民到美洲的英国清教徒），这些人为了逃避宗教迫害逃离了欧洲，他们是"以上帝的名义"进入新大陆的。基于《圣经》的原则，这群天路客创建了许多自治邦，"这些自治邦的条款和协议数量过百，它们是我们宪法的基础"。康涅狄格的纽黑文（New Haven）、马萨诸塞、罗德岛、宾夕法尼亚、马里兰都是"信仰《圣经》的基督徒基于《圣经》"建立的：

> 当他们建立了这些自治邦，建国之父就有一个政府的构想，这个政府是一个帮助和鼓励基督教的政府，最初美国108所大学除了两所之外都是基督教创办的，1777年大陆会议表决支出30万美元购买《圣经》发放给13个州。1782年美国国会推荐并同意所有学校使用《圣经》。[①]

作者在文章的结尾呼吁："让我们去考察我们建国之父的生活和言论，看看他们是真的基督徒，还是被历史修正的！"

看完这两篇文章，我觉得自己真的像那位想要弄清楚"午餐打架事件"的校长一样，非常不幸，收到了不同的证词，说法不一致，非

---

① 全文参看 http://www.faithofourfathers.net/。

第二章
启蒙运动与美国立国

常重要的是：没有一个人说谎！

美国建国之父中有基督徒，但大部分是欧洲启蒙思想的学生，是自然神论者，这是事实。康涅狄格的纽黑文、马萨诸塞、罗德岛、宾夕法尼亚、马里兰都是"信仰《圣经》的基督徒基于《圣经》"建立的，这也是事实。

那么真相到底是什么呢？哪个更加可信呢？

我决定开始自己的探索之旅。

五、我的探索：美国真的是基督教立国吗？

建国之父中只有托马斯·潘恩（Thomas Paine）是彻底的"自然神论"者，他被称为"美国革命之笔"。1776年他写的小册子《常识》广为流传，极大地唤醒了北美民众的独立意识。当时北美的每一个成年男子都读过或者听别人谈过《常识》，很多读过这本书的人改变了态度，哪怕是一小时之前他还是一个强烈反对独立思想的人。

毫无疑问，托马斯·潘恩对美国建国居功甚伟，但他最后在美国默默无闻、不被纪念地死去。因为托马斯·潘恩还写了一本《理性时代》，这本书几乎和《常识》一样畅销，用通俗易懂的文字宣传自然神论反对基督教，书的扉页上写着"献给美利坚合众国同胞"（美利坚合众国这一名称是托马斯·潘恩发明的）。不少人看完这本书就放弃了基督教信仰，但更多人开始抵制托马斯·潘恩，导致他在美国声名狼藉。

建国之父中富兰克林公开承认自己是自然神论者。在《富兰克林自传》中我们可以知道富兰克林有个好朋友是基督教著名布道家乔治·怀特菲尔德（George Whitefield），他的布道引发了美国基督徒灵性复兴的浪潮。富兰克林喜欢去参加乔治·怀特菲尔德的大型布道会，听道的时候他心里十分感动但又拒绝受洗成为基督徒。和托马斯·潘恩相反，富兰克林深受一代又一代美国人的敬仰爱戴，他被公认为"美国传统文化的楷模"，"实现美国梦的第一人"。

同样是自然神论者，托马斯·潘恩和富兰克林在美国的不同结局很耐人寻味。托马斯·潘恩公开宣传自然神论反对基督教以致晚景凄凉，富兰克林因为传承了"清教徒的精神"而成为美国人的成功榜样。

尽管富兰克林宣布自己是自然神论者，但在美国人心中他是"清教徒"的代表。富兰克林在自传中提到他每天都努力去操练十三项美德，而这十三项美德大多是基于清教徒的行为规范制定的。

比如富兰克林操练的第五项美德——节俭（Frugality），他将节俭定义为"花钱要对他人或对自己有益，也就是杜绝一切浪费"（Make no expense but to do good to others or yourself, i. e., waste nothing）。

马克斯·韦伯在他的《新教伦理与资本主义精神》中写道：

> 18世纪的基督新教神学家约翰·卫斯理说：我们不应阻止人们勤俭，我们必须敦促所有的基督徒都尽其所能获得他们所能获得的一切，节省下来他们所能节省的一切。事实上也就是敦促他们发家致富。①

---

① ［德］马克斯·韦伯：《新教伦理与资本主义精神》，于晓，陈维纲等译，生活·读书·新知三联书店，1987，第137页。

第二章
启蒙运动与美国立国

  富兰克林提出,节俭作为美德,不仅来自节俭的财富,更重要的是节俭下来的财富还可以再生更多的财富:切记,金钱具有再生繁衍性。金钱可生金钱,再生的金钱又可再生,如此生生不已。[①]

  当我思考托马斯·潘恩和富兰克林这两位自然神论者在美国不同的结局时,我感受到了美国基督教的强大力量。是不是因此就可以说美国是基督教立国呢?既然富兰克林是最能代表美国精神的,是不是意味着美国精神是"自然神论(启蒙思想)与基督教(清教精神)和谐共存"?

  自然神论认定"理性",基督教认定"罪性",两者有很大的差异,两者是否能够和谐共存呢?我开始查资料,希望找到自然神论者与清教徒的共同点:

  从起源看,自然神论最早可以追溯到赫伯特,他提出了自然神论的五大信条:①存在着一个至高无上的神;②至高无上的神应该受到崇拜;③美德与虔诚的结合是宗教活动最重要的部分;④人极度厌恶自身的恶,这些恶需要通过悔改洗去;⑤死后有报应。[②]

  对于自然神论者,真正的宗教在于"不断控制心灵,去做我们所能做的一切善事,从而使我们自己在对创造我们的目的做出

[①] [德]马克斯·韦伯:《新教伦理与资本主义精神》,第33页。
[②] [英]爱德华·赫伯特:《论真理》,周玄毅译,武汉大学出版社,2008,第九章"宗教的共同观念"。

应答时，能够为上帝所接纳"。①

历史上清教徒的标志则是对良心的关注：

> 在被称为清教徒的人的心灵和思想中，真正超乎一切的，是对于上帝的渴求——想要真正认识他，正确地侍奉他，并且由此荣耀他和享受他。而正是因为如此，他们是在深深地关注良心，因为他们认为上帝是通过良心——人的心智官能来承载他的话语的。对一个人而言，没有什么比良心得到光照、指引、清洗并且保持洁净更加重要。所有清教徒神学家都认同良心是一种理性的功能，一种自我认识和判断的道德能力，处理关乎对与错、责任与功过的问题。清教徒关注美好的良心，这给他们的教导带来了极大的道德力量。②

由上可知，无论是自然神论者还是清教徒都同样注重良心这一种"理性的功能"，同样强调"道德力量"，他们的区别在于自然神论者的神创造世界后不干预世界，而清教徒的神"创造世界后继续管理世界"。

煤炭和天然钻石的化学成分都是碳，但在外形上没有什么共同之处。人造玻璃钻石和天然钻石化学成分不同但看上去同样晶莹剔透。我想"自然神论"和"基督教"正如人造玻璃钻石和天然钻石，尽管

---

① ［美］詹姆斯·C. 利文斯顿：《现代基督教思想》，第 45 页。
② ［英］钟马田：《清教徒的脚踪》，梁素雅等译，华夏出版社，2011，第 297 页。

第二章
启蒙运动与美国立国

有着本质上的不同,却有着形式上的一致,这正是两者可以和谐共存的原因,也是为什么自然神论者富兰克林会被当作"清教徒"的代表。

没有基督教(新教)就没有美国,没有启蒙运动也没有美国。美国是自然神论和基督教共同立国。

让我们想象一下如果没有"平等、自由、三权分立"的启蒙思想强势登陆美国,即使基督徒们按照《圣经》的原则建立了殖民地,这些自治邦也很难和谐共处,组建成一个强大的国家。房龙在《图释美国史纲》中记录了这样一个故事:

> 1682年12月1日,公谊会威廉·佩恩乘坐"欢迎"号离开英国,前往他的领地——宾夕法尼亚。公谊会的教徒们遵从他们长老的法规,实践了"白人和印第安人和睦相处"的规定,从来都不欺诈印第安人。其他的殖民者则认为,魔鬼与佩恩这个人肯定有一个秘密的协定。因此,他们决定采取措施来保护自己的领地,抵制那种邪恶、愚蠢的仁慈和睦政策,并且匆忙储存了大量的火药。除了上述这些大逆不道的言行外,1696年公谊会的教徒年会又宣布奴隶制违反了《圣经·新约》的教义,弗吉尼亚和马萨诸塞地区的正派公民们认识到,殖民地上这种荒唐的治理政策就快要结束了。然而,非常不幸的是,他们的认识没有错。①

让我们再想象一下,当启蒙思想登陆美国时,如果美国有英国那样稳固的国教背景或法国那样的天主教背景,启蒙运动还能够让美国

---

① [美]房龙:《图释美国史纲》,尹继武译,新世纪出版社,2009,第123页。

成为一个崭新的国家吗？答案同样是不可能。正如托克维尔在反思法国大革命时指出的：

> 那时候，他们的内心充满了对自由平等的渴望。在他们那里，各种特权不仅要一网打尽，而且要设立新的权利。非但如此，民主的制度，自由的制度，也是他们想要建立的。
>
> 但是到了最后的时候，最初的目的和自由被他们抛在一边……大革命推翻旧的政府，建立的却是一个比原先更为强大和专制的新政府。①
>
> 我深信，他们在不知不觉中从旧制度继承了大部分感情、习惯、思想，他们甚至是依靠这一切领导了这场摧毁旧制度的大革命。②

如果没有新教徒们为了信仰自由的缘故在美国建立了纽黑文（康涅狄格州）、马萨诸塞、罗德岛、宾夕法尼亚、马里兰等殖民地，启蒙思想便无法在新大陆开辟出一个新的国度。"十七世纪初在美定居下的移民，从他们在欧洲旧社会反对的一切原则中析出民主原则，独自把它移植到新大陆的海岸上。在这里，民主原则得到自由成长，并在同民情的一并前进中和平地发展成为法律。"③

因此我认为，"启蒙主义精神"和"基督教精神"一同缔造了美国，这两种精神是美国精神的两个核心。

利用闲暇时间，我考察了一下美国历届总统的信仰。

---

① ［法］托克维尔：《旧制度与大革命》，傅国强译，中国画报出版社，2013，第4~5页。
② ［法］托克维尔：《旧制度与大革命》，冯棠译，商务印书馆，1992，第29页。
③ ［法］托克维尔：《论美国的民主》，董果良译，商务印书馆，2008，第15页。

第二章
启蒙运动与美国立国

约翰·亚当斯（第2届）、托马斯·杰斐逊（第3届）、詹姆斯·麦迪逊（第4届）是自然神论者。亚伯拉罕·林肯（第16届）被怀疑是自然神论者。约翰·昆西·亚当斯（第6届）、米勒德·菲尔莫尔（第13届）、威廉·霍华德·塔夫脱（第27届）来自"唯一神论"派别。这一派别在美国是在自然神论的冲击下出现的基督教派别，否定上帝包括圣父、圣子、圣灵，将三者合而为一，被正统教派定为异端，杰斐逊晚年自称为"唯一神论者"。约翰·肯尼迪（第35届）来自天主教。其余各届总统来自新教的各派别：美国圣公会、长老会、浸信会、卫理宗等。

我相信拥有美国梦的美国人和美国历史一样交织了启蒙运动精神与基督教精神，只是不同的人、不同的时代这两种成分交织的方式与比重不一样。在美国独立战争和美国建国初期，启蒙运动精神的比重和影响力显然超过了基督教精神。

首先，美国的建国之父大部分是自然神论者，他们在不同程度上受到基督教思想熏陶，因为他们要么来自虔诚的基督徒家庭，要么来自清教徒基于《圣经》建立的联邦。

美国前四届总统都是建国之父，除了乔治·华盛顿是基督徒，属于圣公会，其余三个都是自然神论者，但他们崇尚宗教自由，不像托马斯·潘恩那样反对基督教。1786年1月16日，弗吉尼亚州议会在詹姆斯·麦迪逊和托马斯·杰斐逊的共同促动下，正式通过了《弗吉尼亚宗教自由法令》，托马斯·杰斐逊认为这个法令是他一生中对美国最重要的贡献之一。

全能的上帝既然把人类的思想创造成自由的，所以任何企图影响它的做法结果将只能造成虚伪和卑鄙的习性，背离我们宗教的神圣创始者的质疑。我们的公民权利并不仰赖于我们在宗教上的见解，正如它不依赖于我们在物理学或者几何上的证明一样，因此，如若我们规定，一个公民，除非他声明皈依这个或那个宗教见解，否则就不许接受责任重大和有报酬的职位，因而不值得大众的信赖，这实在是有害地剥夺了他的特权和利益，而他对于这些特权和利益，正如他的同胞们一样，是享有天赋权利的。①

美国独立和建国初期，尽管大部分美国民众是基督徒，但这些"自然神论者"才是那个时代"历史的主角"，推动着美国历史的进程。正如房龙所说：

真正打破旧秩序建立新秩序的是具有另外一种背景的人。在这些能够为了理想而敢于牺牲生命和舒适生活的人中间，站在最前面的是最激进的贵族。杰斐逊就是他们中间非常卓越的代表。流传至今的《独立宣言》其实是托马斯·杰斐逊的作品。杰斐逊阅读过大量的书籍。几乎没有哪个人能像约翰·洛克那样给杰斐逊留下如此深刻的印象。②

布切里先生将第二章的课程重点放在第二节"启蒙运动"，通过讨论和讲述去引导学生们思考美国人引以为傲的特征——"自由、平

---

① 赵一凡编《美国的历史文献》，生活·读书·新知三联书店，1989，第26~28页。
② [美]房龙：《图释美国史纲》，第123页。

第二章
启蒙运动与美国立国

等、三权分立"。在讨论第三节"美国革命"时，我们围绕着一个思考题："约翰·洛克在何种程度上影响了美国的《独立宣言》?"不难看出，布切里先生意在通过他的历史教学让学生们真正明白美国的国家特征，使得"自由""平等""三权分立"这些概念对于学生而言不再是一个个空洞的名词，而具有了明确的意义。

第三章

"犹太人大屠杀":一份完整的教案

布切里先生的课堂都很精彩,但给我留下最深刻印象的是他用了一周五节课的时间来指导我们研究"犹太人大屠杀"。

一、"快速阅读"与"地理技能"

按照一般惯例,布切里先生发下的家庭作业纸是在家中预习用的。可是,周一课堂上,布切里先生却让我们拿出家庭作业纸,打开课本,带着作业纸上的问题,按照作业纸指示的页码,按小组进行阅读和讨论。作业纸上有八个问题:

1. 纳粹是如何控制被征服地区的?(第552页)
2. 希姆莱是如何重组波兰来达到希特勒的目标的?(第552—553页)
3. 希特勒把灭绝犹太人的任务交给了谁?(第553页)
4. 特别行动队的任务是什么?(第553页)
5. 描绘一下波兰的犹太社区。(第553页)
6. 在波兰建了多少所死亡营?(第554页)

第三章
"犹太人大屠杀":一份完整的教案

7. 除了犹太人,纳粹大屠杀的受害者还有哪些人?(第555页)

8. 为什么死亡集中营会首先选择妇女儿童进入毒气室?(第556页)

平时在家一个人预习时我可以慢慢地读,遇到不懂的单词还可以查查字典。但小组阅读的节奏很快,对我来说真算得上是一场阅读抢答训练,只要我稍微慢一点就会赶不上小组的讨论速度。

在快速阅读中我看到了一张安妮带着笑容的照片。美国课本有"历史中的人物(people in history)"这个栏目,一般占四分之一或半页篇幅,选择相关的历史人物进行简要介绍。安妮是大屠杀的受害者,在逃避纳粹追捕的日子里她坚持写日记。她去世后,《安妮日记》被发现并出版,成为全球畅销书。安妮在日记中这样写道:"尽管发生这一切,我仍然相信人类的内心其实是善良的。"

美国课本常常插入"历史的声音",我读到了一位特别行动队的头目描述他们进入村庄屠杀村民的具体步骤和场景,觉得不寒而栗。

快速阅读后,布切里先生开始讲授阅读地图的技巧,他让我们看《纳粹主要的集中营》这张地图,并回答书上的两个问题。

1. 解读地图:在这张地图中有多少集中营?多少死亡营?

2. 运用地理技巧:你认为德国决定死亡营的位置时考虑了哪些地理因素?

在讨论第二个问题时,我发现我的美国同学比我更擅长运用地理技巧去分析问题,而我第一个问题解答得比他们要快。中美教育差异真是无处不在啊!

通过第一节课的快速阅读,我们对"犹太人大屠杀"的历史事实有了基本认识,下课时布切里先生给我们布置了一道思考题:"大屠杀是怎么发生的?"

二、他者与仇恨金字塔

"大屠杀是怎么发生的?难道仅仅是因为希特勒,因为党卫军的领导人和纳粹高官们吗?"

布切里先生打开他的PPT讲述了这样一个观点:对大屠杀负有责任的不只是希特勒、党卫军的领导人、纳粹高官们,几乎所有的德国民众都参与了这场对犹太人的屠杀,他们对屠杀犹太人是默许的,甚至是支持的。

PPT上显示了一张照片。这张照片是一群在集中营工作的德国人在集中营外拍的,每个人都是一脸和和气气的笑容,看着这样的笑容谁能想象得到他们刚刚执行了杀害犹太人的任务呢?没有人像是杀过人的凶手。

"为什么会如此?为什么这几个普通的德国人在杀害犹太人之后没有任何感觉,这是为什么?"

我脑中冒出了一个答案:因为反犹主义,德国人普遍反犹情绪严重。果然布切里先生开始介绍大屠杀之前犹太人在欧洲各国受到的迫害与驱逐。

"为什么会有反犹情绪?它是怎么产生的?种族屠杀的起因到底

第三章
"犹太人大屠杀":一份完整的教案

是什么?"

在学生进行了短暂的小组讨论后,布切里先生的PPT上出现了一个大大的"他者(others)"。

"一个族群的人把另外一个族群的人当作他者是历史上种族屠杀或种族灭绝的一个重要起因。以美国为例,当殖民者(文明人)把印第安人定义为'他者'(野蛮人)时,心中就产生了对印第安人的歧视。他者与你的生活方式不一样,相貌、习俗、文化迥异。于是无法融入你,而你也不是真心希望他们融入,这样你就容易由他者引发离奇的想象,并导致你心中产生恐惧。你开始捕风捉影,猜测或制造出他者莫须有的罪名,这些'谎言'不断传播并引发更大的恐惧,这种恐惧大到一定程度时就会演化成仇恨,最后仇恨上升为暴力,甚至导致种族大屠杀。"

布切里先生一边说一边在黑板上为我们绘制了一个"仇恨金字塔"。

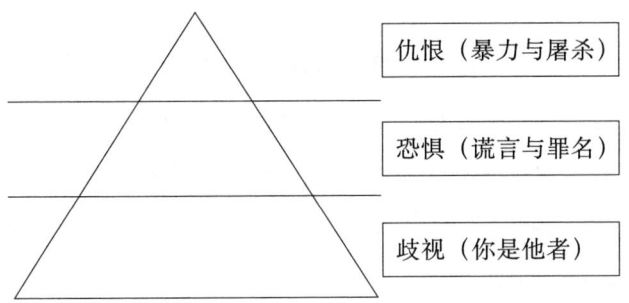

望着黑板上的"仇恨金字塔",我脑中迅速厘清了"犹太人大屠杀"的来龙去脉。

犹太人被看作他者:因为他们没有自己的国家,只能到处流浪,对于欧洲人来说,他们是"外来者""流浪者",他们有着和欧洲人不同的信仰和文化。

犹太人引发当地人的恐惧：无论犹太人流浪到哪里，寄居在哪个国家，他们都保持着自己独特的信仰和文化，不愿意与当地宗教文化融合，甚至不与当地人通婚往来；而与此同时，犹太人在各个领域的智慧又十分卓越，尤其在商业上。因此对犹太人的歧视慢慢演变成了对这个民族的恐惧。

"犹太人是魔鬼""犹太人杀小孩祭祀""犹太人是阴谋家""犹太人暗中影响主宰整个世界"……这些关于犹太人的谎言在欧洲各地传播，恐惧演化成仇恨，正是这些高涨的仇恨在希特勒的"社会达尔文主义""雅利安优越论""犹太人是劣种民族"的思想助推下，导致种族屠杀。

为了深化我们对他者的认识，布切里先生让我们按小组讨论"历史上或者文学影视作品中有哪些人或族群被定义为他者"。

我们小组开始热烈地讨论起了电影《X战警》，在电影中变种人被人类定义为他者。还有《格列佛游记》里有个慧骃国，慧骃国的国民——耶胡——被定义为他者，面临种族灭绝的危险。

回国后，我在图书馆发现了《上帝、格列佛与种族灭绝：野蛮与欧洲的想象（1942—1945）》[①]一书，这本书的前言让我对"他者"有了更清晰的认识：

> 野蛮人令我们心神不宁，他们属于非我，他们不会说我们的

[①] ［美］克劳德·罗森：《上帝、格列佛与种族灭绝：野蛮与欧洲想象（1492—1945）》，上海外语教育出版社，2012，前言第6页。

第三章
"犹太人大屠杀":一份完整的教案

语言或者"任何语言",我们鄙视他们,侵略他们并杀戮他们,我们又同情他们或羡慕他们。我们向往他们的天真和活力,我们称他们为野蛮人,但其实我们比他们更野蛮,他们相貌酷似我们,这令我们心生不宁、想入非非。他们以双重身份交叉出现在我们面前:种族上的他者和土生土长的贱民,这包括前面提到的那些群体——被征服的异教徒和野蛮人、爱尔兰人、巫师、妓女、穷人、犹太人,等等。

"在很多情况下,种族之间的暴力以及人与人之间的暴力是因为一方成了被歧视的对象——他者,而产生歧视和谎言的原因在于人与人之间、种族与种族之间对于彼此的习惯、文化等没有真正的了解和尊重。要消除种族冲突、避免种族灭绝的悲剧再度在历史舞台上发生,需要深入理解各种文化。"

有了对他者的了解,我相信,我的美国同学和我一样,应该不会把布切里先生以上的课堂总结当成空洞的说教或是宣传口号:要促进多元文化融合。

促进多元文化融合是美国教育的一项重要任务,因为美国是全世界最大的移民国家,居住着白人、非洲裔、亚裔、混血族裔、美国印第安人、阿拉斯加原住民、夏威夷原住民等。在一定程度上,美国就是一个"世界村",在美国用来交流的语言几乎包括世界上所有主要民族的语言,在这样一个"世界村"里,种族冲突与暴力自然成为难以回避的社会问题。

有空可以想一想,我们内心有没有把一个人或某个族群定义为他者加以歧视?为什么?唐太宗说:"夫以铜为镜,可以正衣冠;以古为镜,可以知兴替;以人为镜,可以明得失。"布切里先生的课后思考题让我明白学习历史不只可以知兴替,还可以反思并修正自己的行为,历史离我并不遥远。

三、勒尚邦的勇气

这节课是以朗诵开始的,布切里先生大声朗诵了马丁·尼莫拉牧师的名言,这段名言被刻在波士顿犹太人大屠杀纪念碑上。

> 他们先是来抓共产党,我没有说话,因为我不是共产党。
> 他们接着来抓犹太人,我没有说话,因为我不是犹太人。
> 他们又来抓工会会员,我没有说话,因为我不是工会会员。
> 他们再来抓天主教徒,我没有说话,因为我是新教教徒。
> 他们最后来抓我,这时已经没有人替我说话了。
>
> ——马丁·尼莫拉,1945

朗诵完毕,布切里先生在黑板上写下了两个单词:bystander 和 upstander,并停顿了一点时间让我们思考一下它们的含义。

bystander 很好理解,字面意思就是袖手旁观者、看客。布切里先生朗诵的名言就是对 bystander 这个词汇的最好注解。

upstander 该如何定义呢?字典里没有这个词,它应该是一个造出来对应 bystander 的反义词。我想到了约翰·多恩牧师的名句:

> 没有人是自成一体、与世隔绝的孤岛,每一个人都是广袤大

第三章
"犹太人大屠杀":一份完整的教案

陆的一部分。如果海浪冲掉了一块岩石,欧洲就减少。如同一个海岬失掉一角,如同你的朋友或者你自己的领地失掉一块。每个人的死亡都是我的哀伤,因为我是人类的一员。所以,不要问丧钟为谁而鸣,丧钟为你而鸣!

——约翰·多恩(1572—1631)

"最坏的事情不是坏人做坏事,而是好人保持沉默。面对不公正,很多时候人都倾向于选择做 bystander,这样就没有人去制止暴力事件,导致暴力扩大升级,如果有 upstander,就会减少不公正。'upstander'是个生造词,可以指个人、群体或国家,这些个人、群体或国家目睹不公正的时候,会选择做一些事情来阻止或预防不公正。"布切里先生一边说一边发放资料。资料有两页,一页是阅读材料,一页是问题清单。

"今天我会和大家一起阅读,你们首先快速读一遍阅读材料《勒尚邦的勇气》,然后我们一同来解决问题清单上的问题。"

阅读材料:《勒尚邦的勇气》

1940年夏天,德国入侵并控制了法国,其后的两年间,他们基本控制了整个法国。法国的犹太人也像其他被占领区的犹太人一样被剥夺了公民权,并且必须佩戴黄色袖章。大约八万名犹太人(包括一万名孩子)被送进了集中营,他们中间只有三千人活了下来。

勒尚邦(Le Chambon)是法国东南部的一个小山村,那里的人们意识到犹太人正在被屠杀,这些勒尚邦的居民是一群新教徒（法国大部分居民是天主教徒）。他们决定把他们的社区变成一个避难所，保护犹太人和其他被纳粹迫害的人。

玛格达·特罗思姆（Magda Trocme）是当地牧师的妻子，对于"这件事是如何发生的"，她做了以下的解释：

这件事没有什么特别的，我们收留第一批犹太人只是做了我们认为必须去做的事情。我们怎么能拒绝他们呢？不可能坐而论道，去讨论我该做这个还是我该做那个，因为我们没有时间去考虑，问题来了，我们必须立刻解决它。有时候人们会问："你们是怎么做出这个决定的？"其实根本就没有什么决定可做。问题的实质在于：你是否认为"我们是兄弟"？你是否认为交出犹太人是不公平的？如果是，就让我们去帮助他们。

尽管勒尚邦的居民试图保守这个秘密不让警察们知道，犹太人安全躲在这个村的消息还是走漏了。1942年，玛格达的丈夫安德烈牧师和他的助理因为帮助犹太人被逮捕。安德烈在被释放后继续努力去帮助犹太人，他说："这些人来到这里是为了寻求帮助和避难所，我是他们的牧者，好牧者为羊舍命。我不知道犹太人是什么，我只知道他们是人。"后来为了防止再度被抓，安德烈被迫逃亡十个月，在此期间，村庄所有人都不对法国警察和德国警察说出他的藏身之处。但很不幸的是，盖世太保抓住了他的侄子丹尼尔，丹尼尔被送到集中营，后来在集中营里被杀害。

40年之后，勒尚邦的居民接受了采访。他们并不认为自己是英雄。他们说自己只是做了应该做的，因为他们认为应该这样做。正如一个村民所说的："我们并不是因为道德高尚或者英雄气概才去保护那些犹太人，只是因为这是一个人该做的事。"勒尚邦这个

第三章
"犹太人大屠杀":一份完整的教案

社区几乎所有人都参与了这场对犹太人的保护,包括孩子们。勒尚邦的行动得到了教会组织的帮助,无论是天主教还是新教的教会组织都为他们提供过资金支持。从1940年到1944年,勒尚邦的居民帮助将近5000人逃过了纳粹的迫害,其中包括3500名犹太人。

勒尚邦真是个英雄村啊!"我不知道犹太人是什么,我只知道他们是人。""他们(勒尚邦的居民)并不认为自己是英雄。他们说自己只是做了应该做的,因为他们认为应该这样做。""我们并不是因为道德高尚或者英雄气概才去保护那些犹太人,只是因为这是一个人该做的事。"当我读着这些句子时,心里有一些疑惑,明明勒尚邦居民是一群有勇气的英雄,为什么他们如此低调呢?为什么他们强调自己只是做了"一个人该做的事"呢?这到底意味着什么呢?

这些问题萦绕在我脑中,我没有想明白,这时布切里先生开始带着我们逐条来回答问题清单上列出的问题。

问题清单:

1. 阅读的篇名(自己填)。

2. 这个故事发生在哪里(在地图上定位)。

3. 辨识出这个故事中最重要的决定。

4. 这些个人、群体或国家做出了怎样的决定?对此你是如何想的?如果你问他们:"为何你们要做出这个决定?"他们会怎么回答?

5. 他们行动的内在影响和实际后果是什么?独特的环境(事情发生在何时何地)会对事情的结果产生何种影响?

6. 这些个人和群体会如何填写以下的句子:"我感到有责任

去保护和关爱。"

7. 可以用什么来象征这些个人、群体或国家的决定？用文字描述或用一幅图表示。

8. 从这篇文章中选择一个发人深省的句子，摘抄下来。

除了第 7 题，其他题目对我来说困难不大。而这道题引发了全班的兴趣。布切里先生画了一张示范图：一座山，山上有一所房子，很多人手拉手围着房子。"山"代表勒尚邦是个有些与世隔绝的小村庄，"房子"代表犹太人的避难所，"围着房子手牵手的人"代表勒尚邦居民团结一致共同保护犹太人。

这堂课结束后，布切里先生开始发放阅读材料："我发放了九份关于 bystander 和 upstander 的阅读材料，现在每个人都阅读自己拿到的文献，并按照问题清单做课堂作业，在阅读中发现了什么问题可以和我讨论，或自己发起小组讨论。"

我拿到的文献是《罗森斯查斯街的抗议》。

阅读材料：《罗森斯查斯街的抗议》

这是唯一一个反对纳粹，成功救助的案例。根据历史学家内森·斯托（Nathan Stoltzfus）的研究，这件事开始于 1943 年 2 月 27 日，星期六。纳粹党卫军集中抓捕柏林最后一批犹太人，大约有一万名，包括男人、女人和小孩。很多人是在工作地点被抓住直接塞到车子里去的，有人是从家里被绑出来的，有人是在街上被抓住的。这样的行动并非第一次，但这次和以往有些不一样，

第三章
"犹太人大屠杀":一份完整的教案

这次有两千个跨族群婚姻的犹太人成为逮捕对象。这些犹太人的丈夫或妻子是雅利安人,以前纳粹把他们排除在驱逐令之外,但是这次对待他们就像对待其他犹太人一样。

等不到自己亲爱的人回家,这些犹太人的丈夫或妻子开始拨打电话。很快,他们就得知他们的亲人被送到了位于罗森斯查斯街(Rosenstrasse)2-4号的犹太人社区行政大楼。几小时之内,受害者的亲属(大部分是女人)们都赶到了罗森斯查斯街。妇女们大声责问守卫的士兵自己的丈夫和孩子到底犯了什么罪,并试图进入行政大楼,但遭到卫兵阻拦。抗议者们发誓不回家,除非卫兵允许他们见到自己的亲人。他们说到做到。在接下来的日子里,数街区之外的人们每天都能听到妇女们的咒骂声。

夏洛特·伊思丽(Charlotte Israel),一个当时参与抵抗的女性回忆道:"3月5号,事态到了关键时候。在没有任何警告的情况下,卫兵架设起了机关枪,瞄准人群并大声喊着:'如果你们还不走,我们就扫射了。'有那么一刹那,人群汹涌地向后退去,但也就是一刹那的恐惧。现在我们已经无所顾忌了,我们大声怒吼:'你们这是在谋杀!'除去恐惧我们可以呐喊;既然他们可以瞄准我们,我们就可以大声呐喊,我们大声喊叫着:'谋杀者,谋杀者,谋杀者,谋杀者……'我们不只喊一声,而是一次又一次地高喊尖叫,喊到我们无法喘息。"

纳粹官员担心抗议会让更多的人注意到这次驱逐犹太人的计划。为了使抗议者沉默,第二天,戈培尔下令释放所有和雅利安人结婚的犹太人。然而关押在罗森斯查斯街2-4号没有雅利安人亲属的八千名犹太人被送到了死亡营。没有人替他们说话。

勒尚邦的牧师与村民确定无疑是 upstanders。罗森斯查斯街的抗议者们呢？他们当然是 upstanders。我重点标注了一下文章中的两个日期："1943 年 2 月 27 日"和"3 月 5 日"，这些抗议者为了救援自己的亲人在罗森斯查斯街抗议了长达一周的时间，面对机关枪他们只有片刻的恐惧，随即就发出愤怒的吼声，我感受到了他们身上的爱和勇气，他们的抗争迎来了胜利，他们的亲人被释放了。然而文章没有在这里结束，最后的两句让我心中一惊——这群抗议者既是 upstanders，也是 bystanders。我重点标注了一下文中的两个数据"大约一万名"和"八千名"，这意味着：抗议者们救出了大约两千名犹太人，另外八千名被送到了死亡营。当罗森斯查斯街的抗议者救出了自己的犹太亲人之后，他们不再怒吼尖叫，他们沉默了。

罗森斯查斯街的抗议者为什么会沉默呢？我想到两种可能：（1）勒尚邦的居民把犹太人当作"兄弟"，所以选择救援。罗森斯查斯街的抗议者把"大约一万名"犹太人分成了两个类别——"亲人"和"犹太人"，所以在救出"亲人"之后他们决定保持沉默。（2）罗森斯查斯街的抗议者们需要向纳粹保证，在他们的亲人被释放之后须保持沉默，因此他们不得不选择沉默。

我们该如何评价罗森斯查斯街的抗议者呢？有爱有勇气？只管自己亲人不顾他人死活？对亲人之外的犹太人他们并不自私冷漠，他们只是别无选择？看来 bystanders 和 upstanders 是个复杂的问题。

课堂结束前布切里先生预告了下堂课的主题："明天我们将一起探讨你们阅读的故事：那些 upstanders——选择抵抗纳粹，救助犹太人和其他受害者的个人、群体或国家——的故事，以及那些 bystanders——知道犹太人和其他人被迫害的事实，却选择保持沉默

第三章
"犹太人大屠杀":一份完整的教案

的个人、群体或国家——的故事。

"为什么我们要一起探讨这些 bystanders 和 upstanders 的故事?因为我们将通过这些故事探讨一个复杂的道德和公民问题:在什么样的情况下我们挺身而出反对不公正和暴力?在什么情况下我们只是旁观,任由非正义的事继续?我们对谁负责?我们的选择会给我们自己、我们的家庭和我们的社区带来怎样的结果?"

我十分期待周四的历史课。

四、bystander 和 upstander:复杂的道德和公民问题

周四,拿到相同阅读资料的同学组成一组,全班二十多个人分成了九个小组,三三两两地坐在一起讨论阅读资料。在我们讨论的时候,布切里先生给每个人发了一张表格(表 3-1):"每个小组选一名代表上去分享阅读的文献。其他人请仔细倾听,边听边记录下对 upstanders 行为的解释。"

表 3-1
upstanders 和 bystanders 报告笔记指导

说明:当你听到 bystanders 和 upstanders 在大屠杀中的故事时,在下表记录对个人、群体、国家等为何发声的解释。在页底记录关于这些故事的问题。

Bystander 行为的解释	Upstander 行为的解释

分享开始了,以下是第一组和第二组分享的 bystanders 的故事。

第一组分享:我知道什么呢?

这份材料是一段采访,被采访者是沃尔特·斯蒂尔(Walter Stier)。他是"特别火车"的负责官员,"特别火车"运送了数以百万计的犹太人和其他受害者到集中营。

请问特别火车和普通火车有什么区别?

普通火车是给那些买了车票的人坐的,特别火车必须预订,里面的人付了团体票的费用。

为什么战争期间特别火车比战前战后都多?

因为战争期间有所谓的"重新安置火车",这些火车是第三帝国交通部预订的。

那个时候,哪些人被重新安置?

我不知道。直到从华沙撤离的时候,我们才知道被重新安置的人是犹太人、罪犯,还有和罪犯差不多的人。

特别火车是为了安置罪犯吗?

不是,这就是一种说法,你不能和我谈论这个,除非你厌倦了生活,否则最好不要提。

你知道那些火车开往特雷布林卡或奥斯维辛吗?

当然知道,我负责管理火车的最后一段,没有我这些列车无法到达目的地。

那你知道特雷布林卡是"灭绝营"吗?

第三章
"犹太人大屠杀":一份完整的教案

当然不知道!

你怎么会不知道?

慈悲的上帝,我怎么可能知道呢?我从来没去过特雷布林卡,我在波兰,我在华沙,我成天在我的办公桌前。

那你?

我只是一个严格服从命令的人。

显而易见,沃尔特·斯蒂尔是 bystander,是纳粹的帮凶。他选择不直面真相,因为他怕死,并且严格服从命令。

"我们该怎样去审判这位沃尔特·斯蒂尔,怕死有什么错?严格服从命令难道有罪吗?"布切里先生让所有同学思考这样的问题。

有位同学谈起"死刑执行者"阿道夫·艾希曼(Adolf Eichmann)在耶路撒冷受审判,沃尔特·斯蒂尔的罪行和阿道夫·艾希曼的一样,都是"平庸的恶",没有质疑精神,只是一味服从制度和命令。

第一组的分享就这样结束了。

第二组分享:茅特豪森的旁观者

纳粹入侵奥地利时,在很多村庄征用了一些建筑。其中一个建筑是赫特海姆(Hertheim)城堡,位于奥地利小镇茅特豪森(Mauthausen),1939 年纳粹开始使用这个城堡来屠杀在他们眼中对社会无用的人,比如身体有残疾的人和有心理疾病的人。当屠杀的罪行渐渐遮掩不住时,负责屠杀行动的指挥官科里托弗·沃斯(Chritopher Wirth)召集了当地居民,告诉对方他们在烧鞋子和其他物件。"为什么有那么强烈的味道?"

沃斯对此的解释是：他们正在安装一个用来处理废油和油产品的设备，通过这个设备可以获得清澈的油性液体，德国潜水艇十分需要这种液体。沃斯威胁如果有人敢散布"烧人"谣言，那他一定会被送去集中营。整个小镇的人都听从了沃斯的话，他们从来不敢打破沉默。

提供以下两份证词的证人那时都生活在茅特豪森。

卡尔：

透过爸爸谷仓的窗户，我能看到有车子开进城堡，一天两次，有时候一次来两辆车，有时候是三辆车。我记得车子到达不久城堡的烟囱就会冒出浓烟，伴随着恶臭味，这种恶臭让人十分恶心："我们结束田间工作回到家，根本吃不下饭。"因为我不能进入城堡，所以不知道里面发生了什么。纳粹不允许本镇居民接近这座城堡，镇子外面的人有时会被批准进去维修古堡。

菲里特斯修女：

我的兄弟迈克那时候赋闲在家，有一天他非常着急地找到我，十分确定地告诉我说：城堡里在烧以前的病人。隔壁村子的人亲身经历了这个恐怖的事实，他们闻到了焚烧人的恶臭味，并且被纳粹威胁不准说出去。每个人都不堪恶臭之苦，我的老父亲昏迷了好几次，因为晚上他忘记了要把家里的窗户封得严严实实……焚烧次数增多的时候，古堡从早到晚都在冒烟，一簇簇的头发从烟囱口飘到街上，一堆堆残骸累积在城堡的东部。一开始拖车会把这些骨头拖到多瑙河，后来骨头被拖到特劳恩（Traun）。

第三章
"犹太人大屠杀":一份完整的教案

茅特豪森居民很明确地知道纳粹的暴行,但他们选择沉默,任由暴行继续,因为害怕自己被送到集中营。

"活下去很重要,但如果我们只看重如何活下去,心中没有正义的天平,那么我们就不会有勇气去面对不公正,我们会沦为罪恶的帮凶,最后得到的也不过是恶劣的生活。茅特豪森居民虽然活了下来,但他们如同生活在地狱里。"

第二组分享者最后的总结得到同学们的一致认同。

两个bystanders的故事结束了,接下来分享的是三个upstanders的故事,这三个故事中的upstanders分别是个人、群体和国家。

第三组分享:个人的故事——选择救援

在德国,所有给犹太人提供避难场所的人都会被政府抓起来坐牢。在波兰,他们会被处以死刑。然而,有2%的波兰基督徒选择藏匿犹太人。施德芬·德沃勒克(Stefan Dworek)是其中一位救助者。

事情始于1942年夏天。一天,施德芬的丈夫杰里米(Jeremy)带了一个年轻的犹太女子回来,这位犹太女子叫埃伦娜(Irena)。几天前一位参与地下救援的波兰警察请求杰里米帮忙隐藏她几天,但几天变成了一周,一周又一周,结果就变成一个月又一个月,埃伦娜这位不速之客仍然待在施德芬家中,因为那个警察实在没有办法为她找到另外的隐藏地点。几个月后,施德芬的丈夫要求埃伦娜离开,但施德芬坚持留下她。

难道施德芬没有意识到这样的坚持会给自己和自己出生不久

的孩子带来危险吗?"

"我当然知道,"她说:"每个人都知道收留犹太人是什么后果。有时候遇到事态危险,埃伦娜自己都会说:'我对你是个负担,我要离开。'但是我说:'停,既然你在这里的这段时间我们都成功了,那么我们就有可能一直成功,你为什么要选择放弃呢?'我很清楚我是不会放她走的,我和她待在一起时间越长,我们之间的关系就越亲密。"

1944年8月,华沙爆发反抗德军的起义。战火纷飞的时候待在公寓里比较危险,埃伦娜于是用布把脸遮住,施德芬向邻居介绍埃伦娜,说她是自己刚从外地来的侄女,但她们还是不免担忧。

下面这段话是埃伦娜讲述的后来发生的一些事情:

"战争结束之前有个生死攸关的时刻——德国人要疏散所有的居民。我即使用布遮住脸出去也一定会被发现。施德芬做了一个大胆的决定,这个决定只要我活着就不会忘记。德国人不疏散带婴孩的母亲,施德芬为了保护我,决定把她的孩子交给我。她说这个孩子可以救我的命,战争结束后我再把孩子还给她。万一她在战争中死去,她相信我会好好照顾她的儿子。最后我们都活下来了。"

施德芬·德沃勒克解释了她为何不能让德国人找到埃伦娜的原因。

"我能怎么办?就算是养一条狗,日子久了,都会有感情,更何况她是一个那么好的人呢?我没有别的办法。我愿意帮助任何人,无论是谁。尽管一开始我并不认识她,我也不能让她去送死,我一直愿意尽我所能去帮助她。"

第三章
"犹太人大屠杀":一份完整的教案

为了救埃伦娜,施德芬·德沃勒克竟然选择骨肉分离,对于这样舍己利人的壮举,施德芬却说"我能怎么办?""我没有别的办法",这让我想起了勒尚邦的村民们,他们并不认为自己是英雄,他们只是觉得自己应该那样做。

听了两个 bystanders 的故事心情多少会有些沉重,而施德芬的故事让整个班级的气氛顿时活跃起来。"这个故事太感人了,应该拍成电影。"我听到一位同学这么说。

第四组分享:群体的故事——连接成一个链条

1942年的一个早上,一位名叫马里恩·普里查德(Marion Pritchard)的女学生骑着自行车去上学,她要经过一所专门住犹太儿童的房子,那天的发现改变了她的一生,她回忆道:"那些德国人正在把犹太孩子赶进卡车,这些孩子有的还是婴孩,大的也不过七八岁。孩子们感到不安,他们哭闹着。只要他们走得不够快,纳粹就把他们提起来,抓着胳膊、揪着头发直接丢进卡车。我简直不敢相信我的眼睛:竟然有成年男子这样对待小孩子。我发现我被气哭了,有两个妇女走过去试图干涉,结果那些德国人把她们也推进了卡车。我坐在自行车上,我想如果我能做些什么来抵抗这样的暴政的话,我愿意去做。"

"我的一些朋友也有同样的感受,我们大概十个人非正式地组织在一起,其中包括两个不想东躲西藏的犹太学生。我们想办法为这两位犹太学生拿到雅利安身份证,他们的处境要比我们危险得多,他们知道很多人像安妮·弗兰克一家那样选择逃亡或者消失。我们十个人开始寻找可以藏身的地方，帮助犹太人藏到那里，给他们提供食物、衣服和口粮卡，有时候也给接待犹太人的家庭提供救济。我们把新生的犹太宝宝注册为外邦人（非犹太人），有可能的话，还给他们提供医疗帮助。"

解救犹太人的决定会带来很严重的后果，普里查德描述了她藏匿一个男子和他三个孩子时的情景：

"那个爸爸有两个儿子和一个女儿，女儿还是个小婴孩。他们搬了进来，我们试图让他们藏两年，直到战争结束。朋友们帮着收拾地板、地毯，也建起了防空洞，那时候空袭越来越频繁。有一天我们真可谓命悬一线。四个德国人和四个德国警察来了，他们开始搜查房子，开始他们并没有发现防空洞，突然婴儿哭起来，所以我让孩子们从防空洞出来，不料一个德国警察独自返回到我们的藏身处。我有一把左轮手枪，是朋友给我的，我从来没打算用它。但是在那种情况下，我觉得除了杀掉他，我别无选择。如果再发生同样的情况，我还是会这么做。但是这件事直到现在仍然困扰着我，我有时候会想，或许有其他的解决方式。那时我害怕吗？当然害怕。"

施德芬·德沃勒克选择成为 upstander，一开始是因为她"愿意帮助任何人"，而马里恩·普里查德等十个学生选择成为 upstanders 是因为他们目睹了纳粹的暴力，决定挺身而出。

第三个 upstanders 的故事最振奋人心，讲的是丹麦整个国家上下总动员援助犹太人。

第三章
"犹太人大屠杀":一份完整的教案

第五组分享:国家的故事——一个联合的国家

1940年春天,德军攻占丹麦。丹麦人十分愤怒,开始用各种方法抵抗纳粹,比如当盟军的间谍。1943年丹麦政府得知了德国的一个计划——放逐丹麦的犹太人,立刻把这一情报通告给犹太人社区,让犹太人在逃到邻近的瑞典之前先藏起来。当时瑞典没有被德国占领,对犹太人来说是安全的。

当利奥·戈德伯格(Leo Goldberger)一家收到这样的警告时,利奥还是个13岁大的孩子。他的父亲非常焦虑,不知道要如何筹划才能让全家人逃到瑞典,直到在火车上遇到一位帮他们出谋划策的丹麦妇女。

"我父亲坐上回城的火车,他有些惊恐但尽量保持着镇定。他需要借钱或者预支自己的薪水,还要去看看"渔船通道"的合约。这时,幸运的事出现了,一位女士认出了他,他见过她但不是很熟,这位女士问我父亲为什么满脸焦虑,我父亲坦诚相告,这位女士毫不迟疑地保证她可以帮助处理一切,几小时后她将在火车总站和我父亲会面,到时她会把所有安排告诉我父亲。她说,几年前我父亲参加过她组织的'妇女和平自由协会'的慈善会,她这样做也算是一个回报。她兑现了她所说的话,当天晚些时候,我父亲和她会面,得知一切都安排妥当了,牧师亨利·拉斯姆森(Henry Rasemussen)会给我们送大概25000丹麦克朗过来,我家每个人5000克朗,比我爸爸的年薪还高(我必须提一句,战后亨利·拉斯姆森牧师拒收我们的还款)。"

就这样，利奥一家安全地抵达了瑞典。与利奥一家一样，通过数以百计的"渔船通道"，几乎所有的丹麦犹太人——7220名男人、女人和孩子都抵达安全地带。这些是由于一个团体的努力——上百名犹太人和基督徒组织了这个团体并为其提供经济资助。

在丹麦，人们尽力去护卫犹太邻居的安全。为什么会这样？或许有人会说这是因为丹麦不像其他国家那样有强烈的反犹传统。学者们则认为，这是因为丹麦人以遵循黄金法则生活为自豪——"爱你的邻居就像爱你自己"；丹麦的民族英雄强调："人首先是人，然后是基督徒"；在丹麦的学校中，学生们被广泛教导要"彼此相爱，像兄弟般友爱"。最后，丹麦社会两个最高机构在抵抗纳粹种族政策中起到了表率作用。举例而言：丹麦国王佩戴黄色的六芒星来表明自己与丹麦犹太居民站在一起。哥本哈根的主教（路德宗的领袖）写了一份声明，丹麦几乎每家教会都朗读了这份声明，声明中呼吁，当犹太人要逃离纳粹迫害的时候，丹麦人应帮助犹太人。

三个 upstanders 的故事分享完，布切里先生提出一个问题："在你们心目中 upstanders 和 bystanders 的形象是什么？"布切里先生在黑板上记下学生的回答。bystanders 那栏上有：贪生怕死、自私自利、懦弱、没有正义感、缺少判断是非的能力……upstanders 那栏上有：乐于助人、勇敢、热爱正义、富有牺牲精神、爱人如己、遵照基督教信仰生活……

这个短暂的问题环节过后，我们小组上去分享了"罗森斯查斯街

第三章
"犹太人大屠杀":一份完整的教案

的抗议",顿时 bystanders 和 upstanders 的形象变得复杂起来。对照着黑板上的 bystander 和 upstanders 的特点,同学们都发现两者实在是个复杂的道德问题。

在我们小组之后分享的是"决定命运的选择"。

第七组分享:决定命运的选择

1943 年,德国,有人请求克里斯拜尔·比伦贝格(Chrisbel Bielenberg)帮助一对犹太夫妇,但克里斯拜尔的丈夫彼得当时不在家。她知道自己的邻居卡尔藏匿了犹太人,于是她就去他那里寻求帮助。卡尔建议她不要藏匿那对犹太夫妇,这让她十分惊讶,下面是克里斯拜尔对当时情况的回忆:

> 我去卡尔那里寻求建议:你看我的大儿子尼克还在上学,不久我就可能被发现,我知道为犹太人提供避难场所会受到处罚,那就是被送到集中营,就这么简单。不仅是为了我,为了尼克我也不能这么做。但是他们又能去哪儿?我是那个送他们踏上死亡之路的人吗?卡尔的建议非常明确:无论什么情况下我都不能给犹太男人或女人提供避难场所。他说:"现在你站在一个十字路口上,这种情况是我们每个人都可能面临的,你必须清楚你的立场,但是我亲爱的,你不能,因为你不是一个自由人,你还有很多孩子。"
>
> 当我再次穿过篱笆,打开面向马路的门,并听到门在我身后咔嗒一声关上时。我看到,或者说我感觉到,黑暗中有个影子靠近我:"你的决定是……?"这个声音离我非常近,压得非常低。

我猜这个声音的主人应该是一个小个子的男人，因为我的视线高过了他的头顶。我说："我不能。"说出这句话的时候，我抓住了栏杆。我必须抓住栏杆，因为我内心十分痛苦，以致我差点不能呼吸。

"至多，"或许我希望用微弱的妥协来摆脱这样的痛苦："至多不能超过一夜，也许两夜。"

"谢谢！"那个声音再次出现——那个小个子男人比栏杆高不了多少。他以天堂的名义谢谢我，为了两个不幸的人有一两夜的恩典。

当我回到房子里取地窖的钥匙时，我痛恨我自己。

克里斯拜尔面临两难处境，无论怎样的选择都让她痛苦，决定做个 bystanders 她良心十分不安："我必须抓住栏杆，因为我内心十分痛苦，以致我差点不能呼吸。"当她为了良心的缘故决定成为 upstanders 时，她同样痛苦："当我回到房子里取地窖的钥匙时，我痛恨我自己。"因为这样的选择将她自己一家置于危险之中。

"通过《罗森斯查斯街的抗议》和《决定命运的选择》这两篇故事，小组讨论一下在什么样的情况下我们挺身而出反对不公正和暴力？在什么情况下我们只是旁观任由非正义继续？我们对谁负责？我们的选择会给我们自己、我们的家庭和我们的社区带来怎样的结果？明天会继续这个主题，并分享剩下的两篇故事。"

bystanders 的故事讲过了，upstanders 的故事也讲过了，既是 bystanders 又是 upstanders 的故事也讲过了，明天关于 bystanders 和 upstanders 的故事会是什么？我好奇地看了看最后两组同学收到的材料,两个故事的主题都是"从 bystanders 变为 upstanders"。

五、中学生排斥案

周五,布切里先生的开场白是:"bystander 和 upstander 的角色不是一成不变的。"他希望我们仔细听同学们的分享,听的时候去思考个人或集体或国家是怎么从 bystander 向 upstander 转变的,是什么导致了这一转变。

第一个角色转变的故事:同盟国的回应

1941年6月,纳粹进攻苏联,不久大屠杀的传言就在美国四处传播,对于很多人来说,这个传言令人难以置信。1942年6月14日《芝加哥论坛报》发表文章:"希特勒的护卫发动了新的屠杀,在'炸弹阴谋'中258名受害者被柏林盖世太保杀害。"1942年11月26日《纽约时报》第16页刊登消息:"纳粹屠杀近百万波兰犹太人。"1942年哥伦比亚广播电台(CBS)报道了大屠杀事件,1942年12月13日,爱德华·R. 默罗(Edward R. Murrow)在英国广播电台(BBC)中直接指出:"他们将数百万人屠杀,他们将犹太人集中在一起,以残忍的手段进行高效率的屠杀。'集中营'这个词汇已经过时,现在唯一可以称呼它的是'灭绝营'。"四天之后,美国、英国和苏联政府首次就大屠杀发表了一个声明,但他们并没有相应的作为。

1944年1月13日,美国财政部长亨利·摩根索(Henry

Morgenthau）收到一份报告，报告描述了纳粹是如何屠杀数百万犹太人的，他把这份报告转交给罗斯福总统。数日之后，罗斯福总统组建了"战时难民事务委员会"，由摩根索总负责。这个委员会拯救了大约20万犹太人。后来，"战时难民事务委员会"的负责人之一小约翰·佩勒（John Pehle, Jr.）说："我们做得完全不够，做得太晚了，我只能这么说——太晚，太少。"

同盟国本来还可以用其他方式帮助犹太人和更多受害者，使他们免于死在集中营里。大屠杀的事被传播开来后，犹太组织要求美国轰炸通往奥斯维辛的铁路或是直接炸掉集中营。但美方官员们认为这个计划并不可行，因为轰炸需要动用战争中才能使用的飞机。助理战争部长麦克罗伊（MCcloy）认为，这会导致德国采取更严酷的措施反对犹太人、反对同盟国。政府官员认定，美国能为集中营受害者做的最好的事莫过于打赢对德战争。

但是不久后，在7月7日和11月20日，美国飞机在奥斯维辛附近的十个地点投掷了炸弹，8月20日，1336枚炸弹在离毒气室只有五英里处爆炸。其中三处几乎命中集中营。

第二个角色转变的故事：从旁观者到抵抗者

1942年春天，有三位少年——汉斯·朔尔（Hans Scholl）、汉斯的妹妹索菲（Sophie）和汉斯的朋友克里斯托夫·普罗布斯特（Christoph Probst）——组建了一个叫白玫瑰的小组。7月，这个小组印发了一本小册子，大胆地宣布：我

第三章
"犹太人大屠杀"：一份完整的教案

们想告诉你一个事实，在征服波兰之后，我们这个国家用最野蛮残忍的方式谋杀了30万犹太人。第二年2月，纳粹逮捕了朔尔兄妹和普罗布斯特并对他们进行审讯。三个人都直接承认自己为传单的事负责。索菲对法官说："毕竟，总要有人跨出第一步。我们所写所说的都是很多其他人相信的事，只不过他们不敢像我们一样表达自己。"最后他们三人被判有罪，当晚组织成员维利·格拉夫（Willi Graf）等人也先后被逮捕，定罪，处决。

尽管纳粹摧毁了白玫瑰组织，但无法消除，他们已经传递出去的信息。赫尔默特·冯·毛奇（Helmuth von Moltk）暗中把这些传单传递给他德国境外的朋友，以便他的朋友们能够将这些传单传递给同盟国，同盟国大量复印了这些传单，成千上万地撒到德国的城市。10月下旬，毛奇问自己：每天有数以千计的人被谋杀，这是真的，每天，相比在波兰和苏联发生的事，我现在所做的不过是儿戏。如果有一天有人问我："在那个时候你做了什么？"我将怎么回答？赫尔默特·冯·毛奇找到了这个问题的答案。他开始秘密召集德国政要共同商议推翻纳粹重建新德国的方案。

7月20日，这个小组的一位成员，克劳斯·冯·施道芬堡上校（Colonel Claus von Stauffenberg）将一个装有炸药的公文包放在了一张大桌子下面，那天晚些时候希特勒和他的手下会围着这张桌子开会。炸弹按计划定时爆炸了，但桌子阻挡了爆炸的威力，希特勒和他的高级官员侥幸活了下来，他们迅速展开报复，杀害了大约12000人，其中包括毛奇。毛奇知道这个计划但并没有参与。

1945年1月他在临行前给自己的两个儿子（一个六岁，一个三岁）写下了这样的句子：

我的一生，甚至在学校读书的时候，就开始抵抗一种观念，那种缺乏对他人尊重的观念、那种不宽容的观念……我耗尽自己去战胜这种观念以及它邪恶的后果。

两个故事分享完，布切里先生开始让我们思考："这一周你们学到了什么？以后遇到困难处境时，今天学到的东西能帮你做出正确的决定或选择吗？"

这周我和同学们学会了很多：要努力了解其他人和其他文化，不要随意把自己不理解的人和文化定义为他者，不要对bystander和upstander做简单的道德评判，要将他人视为"兄弟"。

按照周五的惯例，接下来的时间里，布切里先生检查作业，我们看CNN学生新闻。检查作业之后就是"星期五时间"——自由讨论时间。我计划在"星期五时间"和布切里先生讨论一下"中国的辛德勒"——拉贝，在南京大屠杀中他拯救了20多万中国人，然而拉贝是个纳粹党员，布切里先生喜欢中国历史，和他探讨中国历史是很快乐的事。

但那个周五，接下来的时间没有CNN学生新闻也没有"星期五时间"，布切里先生发下了一份文件，要求我们做"案例分析"。

"这次活动的目的是：帮助大家反思一下作为一个生活在大社会里的个体的决策过程。"

我们要研究的案例是"中学的一幕"，选自《排斥案例研究》。

第三章
"犹太人大屠杀":一份完整的教案

地点:一所公立学校

时间:12月

案例:七年级的苏(Sue)和朗达(Rhonda)都把对方当作自己最好的朋友,她们在学校属于受欢迎的女生,受欢迎的女生里也有吉尔(Jill)。有一天,苏给朗达写了一张小字条,字条上说,吉尔太愚蠢了,竟然想破坏她和她男朋友特拉维斯(Travis)的关系。朗达找到吉尔警告她不要做蠢事,不要去破坏苏和男友的关系。吉尔发现原来朗达警告她是因为苏的字条,下课后吉尔拦住了苏,两人当众争吵,直到学校的教职工出面制止。这次争吵之后,朗达站在了吉尔一边,她们开始影响其他女生一同排斥苏。七年级的女生以及几乎所有八年级的女生都将苏排挤出了她原来的朋友圈,她们嘲笑她、贬低她,散布关于她的谣言,写信伤害她,打恶作剧电话到她家。另外,一些以前没有参与此事的男生也开始参与进来。即使那些没有直接参与的学生,大部分也与苏保持着距离,没人为她挺身而出。苏原来是一个成绩相当好的学生,但因为这件事,她的成绩日益变差,甚至不想再上学了。

我们讨论的题目是:

1. 这个事件为什么会有这样的结果?你是怎么想的?你如何解释在这种处境下男孩女孩的行为?

2. 你同意这些学生的选择吗?为什么同意?为什么不同意?

这个"排斥案"中没有 upstanders,学生要么选择参与"排斥",

要么选择成为bystanders。我觉得有点奇怪，但我的美国同学讨论得很热烈，似乎不少人亲身经历过或者听说过案例中的情况。

我听着同学们的讨论，深深感到布切里先生让历史并不遥远，历史课可以解决我们现实生活中遇到的问题。

第四章

冷战时期的拉美：
美国是主动干涉还是被动卷入？

拉丁美洲对于中国人而言相当陌生，听到拉美一词，中国人想到最多的是足球、探戈、玛雅文明。然而拉丁美洲和美国离得近，地理位置决定了拉美与美国必然会有紧密联系，并且拉美裔美国人是美国第一大少数族裔，所以美国对拉丁美洲历史必然会很重视。美国第五任总统詹姆斯·门罗（James Monroe）提出的门罗主义中指出："美洲是美国人的美洲。"门罗主义要求美国不插手欧洲事务，只关心美洲事务。从美国成立到"一战"之前，美国的确没有卷入任何欧洲争端中，但卷入了许多拉美争端，如巴拿马运河的修建、美墨战争、美西战争……"一战"之后，美国国力大幅增强，与拉美各国之间关系更加紧密。

美国高中世界史教科书中拉丁美洲部分的比重相当大。第六章"帝国主义的顶峰（1800—1914）"有"拉美的国家建设"一节，第十章"全球的民族主义兴起（1919—1939）"有"拉美的民族主义"一节。第十四章整章的内容都是关于"拉美（1945—现在）"的，包括拉美总趋势，墨西哥、古巴和中美洲，南美洲的国家三部分。

布切里先生在教授第十四章时，围绕一个中心问题展开："美国在拉美的活动是 interfering 还是 intervening？"每次讲授完拉美某国与美国的纠纷之后，布切里先生都会问美国在这个国家的行动是 interfering 还是 intervening。

首先布切里先生让我们界定 interfering 和 intervening 两个词汇含义的不同：interfering 指的是有预谋地介入本来并不需要被卷入的局面之中，而 intervening 指的是被动卷入争端、战斗或者其他困境，目的是改变发生的问题。

一、危地马拉

周一，布切里先生引导我们思考美国针对危地马拉的"成功行动"。

危地马拉是古代玛雅文化中心之一，尽管全国总面积只有108889平方千米，但这个中美洲小国却是世界第三大香蕉出口国，香蕉出口量约占全球的 8%。危地马拉的香蕉主导了它的经济，但香蕉产业基本被美国联合果品公司垄断，联合果品公司在危地马拉有最大的香蕉庄园，低价购买了大量的香蕉地，并控制了危地马拉唯一的海港。

危地马拉长期是独裁者执政，1944 年十月革命后危地马拉开始政治转型。1951 年，十月革命的领袖人物哈科沃·阿本斯·古斯曼（Jacobo Arbenz Guzmán）当选危地马拉总统。在他的就职演说中，他表达了自己的愿望："把我们的国家从一个半殖民地的经济依附国转变为经济独立国，从一个封建经济为主的落后国家转变为一个现代

第四章
冷战时期的拉美:美国是主动干涉还是被动卷入?

资本主义国家,把绝大多数民众的生活水平提高到最高水平。"①

阿本斯改革的中心是土地改革,政府有偿征收种植大户的未开垦土地,分配给大约10万个家庭。这一改革举措遭遇到了联合果品公司和美国政府的抵制。因为联合果品公司有85%的土地是未开垦的,而美国在与拉美的关系中主张强硬的反共原则。美国政府认为共产主义者将通过土地改革实现对危地马拉的控制。

美国国务卿约翰·福斯特·杜勒斯(John Foster Dulles)与弟弟——美国中央情报局(CIA)局长艾伦·威尔逊·杜勒斯(Allen Welsh Dulles)——开始筹备一场针对危地马拉的军事政变,代号为"成功行动"。

中情局开始武装危地马拉的流亡者并利用罗马天主教牧师号召危地马拉人反对阿本斯,每一座危地马拉的天主教教堂都在警告信徒:共产主义的邪恶势力正在摧毁他们的家园,他们应该起来反抗上帝和国家的敌人。

美国国务卿约翰·杜勒斯到委内瑞拉的加拉加斯参加美洲国家组织的会议,在会议上提出了《加拉加斯宣言》,宣称如果西半球的一个国家落入"国际共产主义运动"的控制之下,这个半球的其他各国有权利采取"适当的行动"。尽管危地马拉的外长反对,指出这个宣言的实质是外国企业试图维持美洲各共和国对他们的经济依附关系,把任何国有化或经济独立的苗头、追求社会进步的行为统统归为"共产主义"加以镇压,会议依然通过了这个宣言。

---

① [美]托马斯·E.斯基德莫尔、[美]彼得·H.史密斯、[美]詹姆斯·N.格林:《现代拉丁美洲》第7版,当代中国出版社,2014,第119页。

阿本斯意识到美国很可能要进行军事干预，于是开始严厉打击国内反对力量，并寻找能卖给他武器的国家。1954年，捷克武器商为阿本斯政府运来了一些基本不能使用的武器，因为捷克是苏维埃阵营的国家，所以这成了阿本斯政府被"共产主义渗透"的证据。尽管当时即使没有莫斯科的允许捷克也能把武器卖给危地马拉，但危地马拉还是被看成东半球大国（苏联）的代理。

尽管当时《纽约时报》有一些文章指出危地马拉并非陷入共产主义，而是"狂热的民族主义"，同时美国国务院政策计划室的成员路易斯·哈尔发表了一个备忘录，指出：危地马拉迫切需要进行社会改革，虽然它的政府是民族主义者，并且反美，但并不是亲共的，整个危机局势是由联合果品公司造成的，副国务卿帮办罗伯特·墨菲也认为"成功行动"的想法是错误的，长期看来会"付出沉重的代价"，但杜勒斯兄弟一伙人还是坚定地要推翻阿本斯。美国国务院中美洲政策处主任雷蒙德·勒迪写道："从上到下，我们都完全下定决心除掉这个讨厌的家伙，不达目的誓不罢休。"

1954年，美国政府采取秘密行动，中情局进行了一场流亡者入侵行动，流亡者的领导是卡洛斯·卡斯蒂略·阿马斯（Carlos Castillo Armas）上校。

在中情局的指挥下，叛军建起了一个"解放之声"广播电台。电台不断播放有关动荡和军事叛乱的虚假报道，大多数危地马拉人相信了"解放之声"的广播：阿马斯正率领着叛乱部队席卷乡下，许多危地马拉政府军倒戈，政府已经无力阻止这场叛乱。

除了给提供叛军电台，中情局还为阿马斯上校的叛军提供了数架"二战"时期的飞机，不断轰炸危地马拉城。阿本斯号召民众抵抗，

第四章
冷战时期的拉美：美国是主动干涉还是被动卷入？

他在演讲中指出：

> 我们的罪行就是进行了土地改革，影响到联合果品公司的利益；我们的罪行就是希望得到自己通往大西洋的道路、自己的电力体系和自己的码头港口；我们的罪行就是我们充满爱国热情，我们要追求进步发展，赢得和我们政治独立相匹配的经济独立地位。
>
> 说共产党控制了我们的政府，这完全是一派谎言。我们没有制造恐怖，相反，倒是危地马拉的朋友，福斯特·杜勒斯先生，希望在我们中间散布恐怖气氛，用海盗般的方式空袭我们的妇女儿童，还想逃脱惩罚。

然而随着轰炸越来越猛烈，阿本斯对局势失去控制，他选择了投降，并发表了他最后的演讲：

> 工人农民、爱国同胞、我的朋友、危地马拉的人民们：危地马拉正在经受着一次最困难的考验。一场针对危地马拉的残酷战争已经进行了15天之久。美国联合果品公司和美国政府圈子里的人一道，对这里发生的一切负有责任。我从未动摇过自己对民主自由、对危地马拉的独立和对人类未来美好前景的信念。我总是对你们说，我们将不惜一切代价地战斗，但是这些代价不应该包括我们国家的毁灭和让国家的财富落入外国之手。如果我们不能消除我们的敌人用来进攻我们的借口，这一切就可能发生。

阿马斯要带给我们国家的，就是继续此前持续20年的法西斯血腥暴政。与此相比，一个和我的政府不同，但依旧秉承我们十月革命精神的政府更为可取。[①]

阿本斯下台后，危地马拉新政府退还了美国联合果品公司被征收的土地，并镇压了共产主义分子和激进的民族主义者。

在简要介绍了"中情局的成功行动"之后，布切里先生给我们发放了三份文献：一份是危地马拉当时对于土地改革的报道，一份是CIA对于推翻危地马拉政权可能性的评估，还有一份是2002年一位研究拉美的学者写的危地马拉事件的影响。

布切里先生让我们研读这三份文献，并思考每份文献的立场是什么，与其他两篇相比较，它说了些什么、没有说些什么。之后让我们分小组讨论：哪一方具有正义性？是试图土地改革的阿本斯，还是试图保护本国企业"私有财产神圣不可侵犯"的美国？CIA的报告中认为阿本斯有当地共产党的支持，而危地马拉的媒体认为不进行土地改革就无法发展经济，那么美国的干涉是被动卷入还是主动干涉？

二、古巴

周二，布切里先生带领我们研究的拉美国家是古巴。

谈到古巴，我首先想到的是1962年的"古巴导弹危机"，这个危机差点引发世界核战争。只是布切里先生在课堂上聚焦的是"猪湾

[①] ［美］史蒂文·金泽：《颠覆：从夏威夷到伊拉克》，张浩译，华东师范大学出版社，2007，第130页。

第四章
冷战时期的拉美：美国是主动干涉还是被动卷入？

事件"。

1959年1月1日，卡斯特罗推翻亲美的巴蒂斯塔独裁政权。古巴革命新政权高举古巴自主控制本国经济的主张，没收了美国在古巴几乎所有财产，包括石油公司、蔗糖厂、电力公司、电话公司等。

1960年，美国中情局开始招募古巴流亡分子，将他们组建为美国雇佣军，准备随时登陆古巴，推翻卡斯特罗领导的古巴革命政权。

1961年4月4日，美国总统肯尼迪批准了中情局入侵古巴的战斗计划，这一计划代号为"冥王星"。

1961年4月17日，约1500人组成的雇佣军突击旅在美国飞机和军舰的强力掩护下强行登陆古巴南部海湾，并向北深入。在猪湾，卡斯特罗亲自指挥古巴军队迎战雇佣军，取得了辉煌的胜利。

对美国来说，"猪湾事件"不只是军事的失败也是政治的失败，卡斯特罗建立的古巴新政权因为这场战争变得更加稳固。"猪湾事件"后肯尼迪开除了中央情报局局长艾伦·杜勒斯。

在简要介绍了"猪湾事件"之后，布切里先生让我们思考两个问题：为什么美国政府要推翻卡斯特罗政权？为什么卡斯特罗政权会推动美国痛恨的激进变革？与推翻危地马拉阿本斯政权相比，美国决定推翻卡斯特罗政权在动机上有什么相同点与不同点？

这节课布切里先生没有给我们发放文字资料，而是给我们展示了两幅漫画。

第一幅是美国人画的漫画。画面上，美国志愿者到古巴支教，古巴学生对美国教师满怀尊重和渴望。

另一幅是古巴人画的漫画。画面上，古巴工人在制糖厂辛苦劳动，美国人躺在糖罐上花天酒地地生活。

通过这两幅漫画，布切里先生希望我们能抛开美国在古巴的经济利益、美国的冷战思维，仔细考虑一下"美国与古巴两国之间彼此的情感因素"。

自建国以来，美国政府便一直宣称自己是古巴的保护者，认为这个保护者的角色符合自然法则。1823年，约翰·昆西·亚当斯（美国第六任总统）说过这样一段话："政治规律与物理引力规则同样存在；被暴风雨从原生树上吹离的苹果别无选择，只能落在地上；古巴强行脱离其与西班牙的非自然联系，又无力自给，只会被引向北美洲联盟，而根据同样的自然法则，后者不会将其推离自己的怀抱。"

1492年，哥伦布第一次航海发现了古巴，古巴从此成为西班牙远征墨西哥和中美洲的基地。为摆脱西班牙殖民者的暴政，1895年古巴爆发了独立起义，这场残酷的战争持续了三年，古巴的独立依然遥遥无期。1898年，美国"缅因"号战舰在古巴哈瓦那港被神秘炸毁，美国以此为由向西班牙宣战，并取得美西战争的胜利，美国胜利后西班牙表示愿意将古巴割让给美国，美国表示放弃，古巴由此获得了独立。美国在哈瓦那立了一个铜雕大鹰来纪念美西战争的胜利和古巴的独立，认为自己是古巴的恩人，如果没有美国，古巴人依然在西班牙残暴的独裁统治下过着奴隶般的生活。

美西战争后，美国立刻遣散了古巴起义军，对古巴进行军事占领。华盛顿政府强迫古巴人同意《普拉特修正案》，授权美国随意干预古巴的国内政治。美国人认为自己占领古巴、干预古巴内政是因为担心古巴这个新生国家没有自治能力，他们要保护古巴，要给古巴示范如何进行国家治理。美国还在古巴修建了学校、公路。这就是那幅美国漫画中显示的信息——美国是古巴的保护者和教育者。

第四章
冷战时期的拉美：美国是主动干涉还是被动卷入？

然而对于古巴人而言，美国并没有真正帮助他们独立，古巴仅仅是有了独立之名，并没有取得政治经济的真正独立。古巴被誉为"世界糖罐"，蔗糖是古巴经济的基础。古巴独立后，美国打着"保护国"的旗号，在古巴大量投资收购种植园和工厂，美国资本完全控制了古巴经济。当成千上万的美国人在哈瓦那过着富裕奢靡的"美式生活"时，古巴的广大民众却在贫民窟中过着缺衣少食的日子。

创作于20世纪70年代的《拉丁美洲被切开的血管》是一部关于拉丁美洲的经典著作，作者爱德华多·加莱亚诺（Eduardo Galeano）写道：

> 贫困并非是命中注定的，不发达也不是上帝的黑色旨意，现在是革命的年代、解放的年代。统治阶级惊恐万分，他们宣称地狱之门向所有人敞开。从某种意义上讲，右派将自己同安定和秩序视为一体是对的，虽然实际上是大多数人日复一日蒙受羞辱的秩序，但总归是秩序，而这安宁是保持饥饿和不公正的安宁。如果将来出现意想不到的事，那么保守派就可以有充分的理由惊呼："人们背弃了我。"在古巴革命胜利的这一天，被推倒的"缅因"号铜鹰，如今双翅折翼被遗弃在哈瓦那旧城区的一座门廊内。自古巴之后，还有其他一些国家通过不同途径和方式，开创了变革的历程。维护目前的秩序便是维持罪恶。[①]

西班牙人走了，美国人来了，古巴的命运依然如故。尽管1934

---

① ［乌拉圭］爱德华多·加莱亚诺：《拉丁美洲被切开的血管》，王玖等译，邓兰珍校，人民文学出版社，2001，序言第7—8页。

年美国废除了《普拉特修正案》，但古巴社会几乎没有什么变化，依然是美国的权力在发挥主导作用，依然是亲美的独裁者在控制政府，直到1959年卡斯特罗推翻巴蒂斯塔独裁政权。古巴的革命者和广大民众渴望一个真正独立的古巴，也就是独立于美国的古巴。因此布切里先生发给我们的那幅古巴漫画中显示的信息是——美国是古巴的剥削者和压榨者。

在引导我们分析两幅漫画之后，布切里先生让我们继续思考下面的问题：除了武装入侵古巴的"猪湾事件"，在白宫的授意下，中情局直接或间接策划了638起暗杀卡斯特罗的行动。卡斯特罗曾说："如果在暗杀计划中存活是一场奥林匹克赛事的话，我将赢得金牌。"为什么美国要针对一个国家领导人发动这么多起非法的暗杀行动？

当时，我和我的同学们都知道应该从美国自认为是古巴的保护者而非压榨者这个"自我定义"来作为切入点，后来当我阅读《现代拉丁美洲》时，发现那堂课我和同学们的观点与写作《现代拉丁美洲》一书的两位拉美史专家不谋而合：

> 这些暗杀行动背后的推理，如同其执行时一样漏洞百出。主要的假设是，古巴的革命运动是菲德尔的个人创举：通过其性格的力量——不可信赖、无情和狂妄自大，他已经把自己的祖国带离了原有的历史路径。除掉他，一切就会改变。然而，这一逻辑没能认识到革命背后的因素：不平等、失望、对美国长期控制一触即发的不满情绪以及民众对激进变革的支持。这一做法还促使美国政府从事恼人的暗杀外国政府首脑的行动，而这一策略后来被国会宣布为非法行为。

三、智利

相比在北美洲的危地马拉和古巴，在南美洲最南端的智利跟美国可以说是距离遥远，早在1818年智利就摆脱了西班牙的统治，成立了共和国。在整个拉美，智利拥有最高的教育水准，识字率几乎达到95%。智利还是"铜矿王国"，是世界上生产和出口铜最多的国家，所以，智利的城市化水平和经济水平在整个拉美也处于领先地位。而在政治上，全民参政议政可以说是智利人的传统。

"许多智利人还是认为政治而不是足球才是其真正的全国性运动。他们爱提出雄心勃勃的建议，以解决国家重大问题，也爱议论国际大事。智利往往根据政治需求进行重大的全国性改革。智利人就经济问题所进行的辩论和试验比世界大多数国家都多。"①

这样一个看上去很自由民主的国家为什么会引起美国的"interfering or intervening"呢？

布切里先生给我们简要介绍了美国干涉智利的情况。

1964年智利大选，右派支持基督教民主党的爱德华多·弗雷，左派推选阿连德（Allende）。美国为了右派能够取得竞选胜利，资助了大量竞选资金，最终弗雷轻松获胜，然而弗雷政府的改革没有达到人民的期望。

1970年智利大选，前总统豪尔赫·亚历山德里独立参选；基督教民主党提名的总统候选人是拉多米罗·托米奇；共产党和社会党则结成人民团结阵线推选了阿连德。结果是阿连德获得36.6%

---

① ［美］约翰·L.雷克特：《智利史》，郝名玮译，中国大百科全书出版社，2009，第7页。

的选票，亚历山德里获得35.3%的选票，托米奇获得28.1%的选票。

由于没有一个候选人获得绝对多数选票，按照宪法规定应该由议会来决定获胜者。右派集团要阻止阿连德当选，他们派出代表和美国国务卿基辛格以及中情局局长商量对策，美国总统尼克松对中情局下达指示：把智利经济搞垮，让阿连德上不了台，上了台也要赶下来。

中情局试图在智利发动军事政变，然而智利武装部队总司令雷内·施奈德坚决维护本国民族传统，不愿武力干政。中情局认为只要除掉此人，他手下的军官就会采取军事行动，于是暗杀了施奈德。暗杀行动震惊了大多数智利人，两天后，智利议会推选阿连德为南美洲第一个信仰社会主义的总统。

智利事件突破了美国人的想象力，因为智利竟然通过公开的选举决定成立一个社会主义政府。按照冷战思维模式，社会主义只能通过革命暴力来达到。而阿连德保证忠于智利的多元民主制，不使用暴力也不向其他社会主义国家寻求帮助，按照民主程序去推行智利向社会主义转变。

美国驻智利大使爱德华·考瑞说："一旦阿连德上台，我们要尽全力使智利和智利人民陷入极端匮乏和贫穷中。"尼克松政府没能阻止阿连德上任，于是开始推行一系列动摇阿连德政府的活动，比如对智利进行经济封锁、支持反阿连德政府的右派、支持智利的罢工停工、阴谋策划军事政变等。

1973年9月11日，智利军队发动政变，向总统府发起攻击，阿连德没有选择逃亡，而是挺身而战，最后死于枪伤。反对政变的人遭

第四章
冷战时期的拉美：美国是主动干涉还是被动卷入？

到残酷镇压，至少两千人丧生。

阿连德政府倒台后，领导军队政变的皮诺切特成为智利的独裁者，在皮诺切特专政的黑暗时期，智利的人权和民主被侵犯践踏，一直到1990年才恢复民主制度。

布切里先生让我们思考讨论以下问题：

1. 美国对智利是"interfering"还是"intervening"？

2. 美国一向强调自由民主人权，那么美国在智利问题上有没有尊重民主自由的原则？为什么？

3. 如果我们是当时的政策决策者，我们会采取怎样的政策？为什么？

随后，布切里先生给我们发放了三份材料。

一份是美国国务卿基辛格的观点："我看不出为什么我们要袖手旁观。一个国家正因为人民大众的不负责任而走向共产主义。对于智利选民来说，决定自己的命运是他们无法承受的重负。"

一份是智利当时的在野党基督教民主党的报告，认为："阿连德正在寻求独裁，这个独裁是打着无产阶级专政旗号实行共产主义暴政。"

最后一份是阿连德最后的演讲：

> 市民们！这次肯定是我对你们做的最后一次讲话了。我感谢你们始终不贰的忠诚，感谢你们对一个追求正义、宣誓要尊重宪法和法律并这样去做的人的信赖。我相信智利拥有美好的未来。虽然眼下叛徒们正在这里为非作歹，但在我之后，黑暗和苦难终将会被战胜。请你们坚信，早晚有一天，自由的人们会走在通往

更美好世界的康庄大道上。智利万岁！人民万岁！劳动者万岁！这就是我最后的话。我敢肯定，我的血是不会白流的。我敢肯定，我的牺牲，对那些运用阴险伎俩、行径卑劣的叛徒，至少会是一个道德上的教训。

美国对智利的干涉让我震惊，因为一直以来我印象中美国的外交政策是"价值观外交"，乔治·凯南（George Kennan）在《美国大外交》中写道，美国外交政策中的浓厚意识形态色彩和强烈理想主义倾向是美国文化中根深蒂固的"美国优越论""美国特殊论"和"美国例外论"的突出表现。美国人在国际关系中为自己定位时，总是把自己放在高人一等、居高临下的位置，认为自己代表了世界上最好的价值观和政治制度，代表了人类社会的前进方向；认为自己有使命和责任向世界输出美国文化，改造落后文明和愚昧民族。这种使命是上帝赋予的，是不可抗拒的，可以一直追溯到美国建国时期。

美国一向强调自由、民主、人权，那么美国在智利问题上强调的又是什么呢？美国为什么要将一个民主国家带入独裁统治？

四、拉美的课堂项目

周四，布切里先生首先让我们看了一张名为《美国二战后对拉美的干预》的地图，然后布置了一个课堂项目（project），给了我们三个选项，让我们三选一。

选项一：根据三天的课程推进思考：美国卷入拉美事务更多是主动干涉还是被动卷入？

第四章
冷战时期的拉美：美国是主动干涉还是被动卷入？

写作要求如下：

1. 有明确而清晰的观点。

2. 使用课堂文献或其他文献来支持自己的观点。

3. 文献的使用必须正确。

4. 写作包括摘要、带有细节并结构合理的正文及简洁的结论。

选项二：画一幅和拉美相关的政治讽刺漫画。

选项三：挑另外一个拉美国家进行分析：美国卷入是主动干涉还是被动卷入？

那堂课真的有同学画了漫画，是一幅讽刺美国的漫画。

第五章
像历史学家一样阅读

詹姆斯·洛温在《老师的谎言：美国历史教科书中的错误》一书的前言中指出：

> 的确，好公民是我们所需要的，但是"好公民"究竟是什么意思呢？（历史课的）基本使命：让学生长大后"像个美国人"，做好自己的工作。再者，什么是我们作为美国人该做的工作呢？的确，那就是"使美国的未来变成现实"。我们这个国家的特征应该如何确定？它应该如何平衡公民自由与监视潜在恐怖分子之间的关系？好公民就需要能够对我们的领导人以及未来的领导人所提的各种主张进行评价。他们必须批判性阅读，必须去伪存真，并且能够理解历史的前因后果。在任何称职的历史课中，这些本领的培养都应处于核心地位。①

布切里先生的历史课堂无疑是称职的课堂，他通过"启蒙运动"

---

① ［美］詹姆斯·洛温：《老师的谎言：美国历史教科书中的错误》，马万利译，刘北成校，中央编译出版社，2009，第二版导言，第6页。

第五章
像历史学家一样阅读

课程启发学生去确定美国这个国家的特征；通过"大屠杀"课程引导学生明白面对不公正时公民该如何做出选择；通过"拉丁美洲"课程训练学生对美国领导人以及未来的领导人所提出的各种主张进行评价。当然培养学生"批判性阅读"的能力更是布切里先生课堂的核心。

一位同学说："布切里先生历史课的阅读资料比文学课的多出太多。"全班对此表示赞同。毫无疑问，训练我们"批判性阅读"是布切里先生课堂的重要目标。我们的历史课在一定程度上可以说就是批判性阅读课。当然我们的课也是侦破课，布切里先生说："我们都是侦探，侦破历史真相。"他每天都带着我们侦破历史，这让我和我的同学都十分热爱历史课，因为每天都有一个历史议题等待我们，每天都有新发现，我们拿到每堂课的阅读资料，就像考古学者来到发掘现场。

课堂发放的大部分阅读文献是布切里先生围绕自己设计的历史议题选取的，有时候他会在课堂引入 DBQ 项目和斯坦福历史小组项目的资料。

一、阅读一手文献

DBQ 是 Document-Based Question 的首字母简称。DBQ 项目开始于 2000 年，希望通过"分析文献、探索历史"帮助学生"read smart, think straight and write clearly"（聪明地阅读，理性地思考，清晰地写作）。DBQ 项目有五个核心信念：

1. 所有学生都需要学习如何思考。
2. 学习思考需要练习。

3. 思考是个辛苦的工作。

4. 思考通过写作变得清晰。

5. 思考为了每个人自己。

我印象最深的DBQ项目是"法国大革命",在探讨完启蒙运动思想家和《人权宣言》之后,布切里先生开始引导我们思考法国大革命,那是我第一次"像历史学家一样阅读"。

那节课的预热环节是开放式的讨论:社会的不平等以及经济问题导致了法国大革命,法国大革命为了权利而斗争,这改变了我们的现代世界。布切里先生请大家用所了解的关于民主以及法国大革命的知识,来简要思考以下问题:

1. 人人都应该享有的权利是什么?

2. 什么时候公民有权利推翻他们的政府?

3. 各种思想怎样推动革命活动?

4. 为什么个人权利和个人自由对于所有公民如此重要?

接着,我们研读了一幅画(图5-1),在这幅画上大家能阅读到什么信息呢?

之后布切里先生在课堂引入一项DBQ项目。这个项目是关于法国恐怖统治时期的。

恐怖统治又称雅各宾专政,是对1793年9月至1794年7月罗伯斯庇尔领导的雅各宾派统治法国时期的称呼。雅各宾派(激进共和主义派)在1793年的起义中战胜温和共和主义派,夺取了政权。该

第五章
像历史学家一样阅读

图 5-1

派执政期间实行恐怖政策，将反革命嫌疑犯送上断头台、严格限制物价。其间有数千人被残忍杀害。但是，雅各宾派执政其间也为法国历史做出了一些贡献，比如推广教育、提倡宗教自由、废除法国殖民地的奴隶制等。1794年，热月政变爆发，罗伯斯庇尔被斩首，雅各宾专政结束。

课上，大家首先共同阅读了《恐怖统治时期》(the Reign of Terror)，文章简要介绍了法国大革命的历程，最后写道：

> 但我们的关注点是恐怖统治时期，这个小型问题项目邀请你去思考一个人和一个政府应该走多远才能保障他们不丢失对自由和平等的"看见"。在1793年和1794年，法国的形势真的足够危险，但革命政府需要那么暴力地回应吗？换一句话说：恐怖统治时期，它合理吗？

"恐怖统治时期，它合理吗"是这堂课的历史议题，围绕这个历史议题，布切里先生发下六份文献。

我拿到的文献是 Document F，主题是 1793 年 1 月 21 日法国国王路易十六被推上断头台。文章记录了恐怖统治时期被送上断头台的人数（约 2~4 万人），也摘录有那天目击者的回忆："国王的血流出，我看见人们手挽手穿过，笑着，仿佛过节。"

在各自阅读完自己的文献后，我们开始分小组讨论：每个人分享自己的文献，通过其他同学的分享，我接触到了当时的一手文献：《惩治嫌疑犯法令（节选）》《惩治黑市商人法令（节选）》《全面最高限价法令》……这让我深受震撼，我深深觉得：认识历史不能只通过教科书，应该去研读当时的一手文献。

接下来，各小组开始共同解读这些文献，围绕"恐怖统治时期，它合理吗"这个历史议题去探索这些文献，形成自己的观点。小组讨论很热烈，对立的观点不断碰撞，双方的论证都来自对文献的解读。

DBQ 项目是小型问题项目，选取的文献短小，一般一份文献一页纸。布切里先生借此训练我们阅读一手文献的能力，训练我们回到历史情境中去理解当时的历史问题。

讨论议题时，学生们通常会拿到厚厚一沓阅读资料，这些资料代表着不同的立场——正方、反方和第三方。训练学生考察不同来源的文献以形成自己的结论是布切里先生课堂的重点，因此他有时会在课堂上也引入斯坦福历史教育小组项目。

"让我们像历史学家一样阅读"是斯坦福历史教育小组的项目名称，也是布切里先生课堂最常说的话。

第五章
像历史学家一样阅读

这个项目的目的是激发学生的历史探究精神，旨在教会学生如何通过阅读文献、寻找来源、上下文分析、佐证证据、仔细研读等来探究历史问题，替代记忆历史事实。学生通过评估某一历史议题不同视角下的文献的可靠性，学会根据文献提出自己的历史观点。

二、考察两种教科书的不同记载

"你们如果只读教科书，只用一个角度去看历史，那是有害的；你们如果只听老师的观点或某著名历史学家的观点，只听到一种声音解读历史，那也是有害的。我们要考察不同来源、不同立场的文献，倾听不同的声音，像历史学家一样去思考，形成个人对历史的理解。"

在讲到朝鲜战争时，布切里先生的课程重点是让我们学会如何批判性阅读教科书。

朝鲜战争是冷战时期第一场"热战"。"二战"期间，同盟国决定通过三八线分割朝鲜半岛。三八线以北由苏联托管，三八线以南由美国托管，朝鲜半岛逐渐分裂成朝鲜和韩国两个国家，两个国家都希望重新统一半岛，在发生多次边境摩擦后，1950年朝鲜战争爆发，起初只是韩国与朝鲜两个国家之间的战争，后来美国参战支援韩国并入侵朝鲜，很多国家都不同程度地卷入了这场战争。

这堂课的中心议题是：韩国教科书和朝鲜教科书对朝鲜战争的说法哪个更可信？我们拿到了两份文献：一份是韩国教科书的节录，一份是朝鲜教科书的节录。布切里先生强调这两份文献来自教材，由美国历史研究者直译成英文。他希望我们通过阅读交战双方对同一事件截然不同的描述,形成我们自己的判断。

朝鲜教科书(节录)

面对朝鲜惊人快速的成长,美国侵略者感到不安,加速了侵略战争的准备,目的是要将朝鲜扼杀在摇篮之中。1950年美帝国主义强悍地实施战争计划,美国侵略者和他的傀儡,对这场战争蓄谋已久,最终在主体历39年(注:朝鲜以金日成出生的1912年为主体元年)6月25日发动了战争。那天黎明,敌人出其不意地攻击了北部,战争的阴云弥漫在这个曾经和平的国家,伴随着大炮的回声和轰鸣,跨过三八线后,敌人向北部慢慢推进。敌人的侵略部队必须消灭,我们国家和我们人民被威胁的命运必须得到拯救。

韩国教科书(节录)

当发现通过制造社会混乱来推翻韩国政府变得非常困难时,朝鲜转换策略,开始使用胡萝卜加大棒政策:表面上提供和平谈判,暗地里寻找合适的时机发起攻击。金日成秘密访问苏联并得到允诺。最后,在1950年6月25日,朝鲜开始沿着三八线向南侵略,大韩民国的军队为了维护国家的自由勇敢地战斗。朝鲜的武装挑衅导致联合国安全理事会召开会议,通过了一份谴责申明,谴责朝鲜军事行动是非法的,是对和平的威胁。同时会议做出了一项帮助韩国的决定:由16个国家组成联合国的军队,其

第五章
像历史学家一样阅读

中有美国、英国和法国，加入了韩国的军队一起反对朝鲜发动的战争。

读完这两份教科书节录，我们在课堂上讨论了三个问题。

1. 根据朝鲜教科书和韩国教科书的说法，朝鲜战争是如何开始的？

2. 你认为哪个教科书更加可信？为什么？（使用课本里面的证据来支持自己的答案）

3. 要找出谁发起朝鲜战争的真相你觉得还需要阅读其他哪些文献？

战争到底是谁发起的？两本教科书观点对立。围绕"哪本教科书更加可信"，小组展开了激烈的论辩。朝鲜教科书指出：美国侵略者和他的傀儡发动了战争；韩国教科书则说：北方向南侵略。到底是谁发起了战争？最后班上的同学们一致认为不考察多方文献难以探查出真相，我们的争论只能是"立场之争"，而不是"找到真相"。

我们觉得要探寻出谁发起朝鲜战争的真相还需要去看中国、美国和苏联的相关文献。

三、解读不同立场的文献

在讲述冷战开始这段历史时，布切里先生在课堂上重点训练我们四项批判性阅读策略：Sourcing—Close reading—Context—Corroboration（追溯来源—仔细研读—在背景中阅读—通过资料证实)。那节课我们的历史议题是:谁对冷战负主要责任,美国还是苏联?

我们首先拿到了两份文献,一份是1946年丘吉尔访问美国时在密苏里州的富尔顿发表的《铁幕演讲》,另一份是1947年3月12日杜鲁门总统的国会讲话《杜鲁门主义》。

拿到厚厚一沓文献,我立刻想到,丘吉尔的《铁幕演讲》揭开了冷战的序幕,《杜鲁门主义》则标志着美苏冷战全面开始。

"课堂上你们没有时间看完丘吉尔《铁幕演讲》和杜鲁门讲话的全文,你们只需要看两页节录,原文可以回家去看。看完这两篇文献节录之后你们需要写下你们的评估:你觉得到底谁对冷战负主要责任?你的文献证据是什么?"布切里先生说。

《铁幕演讲》(节录)

我有责任把有关当前欧洲形势的某些事实摆在你们面前。

从波罗的海的斯德丁(什切青)到亚得里亚海边的的里雅斯特,一幅横贯欧洲大陆的铁幕已经降落下来。在这条线的后面,坐落着中欧和东欧古国的都城。华沙、柏林、布拉格、维也纳、布达佩斯、贝尔格莱德、布加勒斯特和索菲亚——所有这些名城及其居民无一不处在苏联的势力范围之内,不仅以这种或那种形式屈服于苏联的势力影响,而且还受到莫斯科日益增强的高压控制。

在远离俄国边界、遍布世界各地的许多国家里,共产党第五纵队已经建立。它绝对服从来自共产主义中心的指令,完全协调

第五章
像历史学家一样阅读

地工作着。

我不相信苏俄希望战争。他们所希望的是得到战争的果实，以及他们的权力和主义的无限扩张。因此，趁今天还为时未晚，我们在这里要考虑的是永久制止战争和尽可能在一切国家为自由和民主创造条件的问题。

《杜鲁门主义》（节录）

美国业已收到希腊政府的紧急要求，希望能向他们提供经济和财政援助……希腊急需经济和财政援助，否则将没有能力继续购买食物、衣服、燃料和种子。

处于生死存亡关头的希腊今日遭受着恐怖活动的威胁，数千名共产主义者领导的武装分子正公然反抗政府的权威。希腊需要得到资助以保障它是自立自尊的民主国家，美国必须提供这样的援助……没有其他国家有意愿或能力为民主的希腊政府提供援助。

美国政府外交政策的一个重要目标是，创造环境让我们和其他国家能够挣脱高压统治得到自由。

只要扫视一下地图我们就能明白：从大局而言，希腊国家的存亡和完整至关重要。如果希腊政府被颠覆，被控制在少数武装分子手里，这必将迅速且严重地影响到邻国土耳其，混乱失序也将蔓延到整个中东。如果我们在这一紧要时刻未能援助希腊与土耳其，那么，给予西方的影响将同给予东方的一样深远。

全世界自由的人民指望着我们支持他们维护他们的自由。如果我们领导不力，就可能危及世界和平，这肯定也会危及我们自己国家的安全和利益。

在处理这些事件的时刻，伟大的责任已放在了我们的肩上。

看完这两篇文献，大部分同学认为苏联要为冷战负主要责任。

接着，布切里先生发下了另外两篇文献，一篇是苏联大使尼古拉·诺维科夫（Nikolai Novikov）发给苏维埃领导人的电报，一篇是亨利·华莱士写给杜鲁门的信。同样厚厚一沓文献，我们同样只需要读两页节录即可，然后再次做出评估："你觉得到底谁对冷战负主要责任？你的文献证据是什么？"

苏联大使的电报（节录）

美国"二战"后的外交政策以谋求世界霸权为特征，这种外交政策折射出了美国垄断资本主义国家的帝国主义趋势，杜鲁门以及其他统治阶级代表发表了一系列声明，这些声明的真实含义是美国有权去领导这个世界。美国外交的所有力量——陆军、海军、空军、工业和科学——都服务于这个对外政策。为了这个目标美国已经制订了宏大的扩展计划，这个计划正通过外交来实施执行，通过军备竞赛，通过制造越来越新式的武器，美国已经建立了空军和海军基地，这些基地远远超过了美国的边界线。

在第二次世界大战期间，（美国领导人）精于计算，美国避免直接卷入战争，但在战争的最后一刻加入了战争，因为

第五章
像历史学家一样阅读

最后一刻能够轻易影响到战争的结果,这能彻底保障美国的利益。

就这一点而言,美国主要的竞争对手在战争中或被摧毁或被极大地削弱,美国可以趁机在解决战后根本问题时承担最重要的角色。

亨利·华莱士的信(节录)

我越来越对战后国际形势感到不安。对于其他国家而言美国的行径到底如何?我所说的行径是指比基尼核试验以及继续制造原子弹、用我们的武器武装拉美的计划、试图在大半个地球建设空军基地(从这些空军基地可以轰炸另外半个地球)。我不禁感觉到这些行径对于世界其他国家意味着,我们或许只是在会议桌上空谈和平。

这些事实说明我们或是在准备赢得一场我们认为不可避免的战争,或是正试图组建优势(大规模)武装来威胁其他国家。

我们试图在东欧建立民主,那儿几乎不存在民主。对于苏联来说这一尝试是凶险的,我们要重建一个不友好的邻国包围圈,作为达到另一个企图——毁灭他们——的跳板。

读完这两篇文献,大部分同学在课堂作业上的结论是:美国要对冷战负主要责任。

如果只看一个立场的文献,我们就会陷入一个立场,要像历史学

家一样思考,要学会分析不同立场的文献,最终得出自己的结论。批判性阅读历史文献时,我们需要使用很多阅读策略,也就是:

1. 寻找文献的来源:文献的作者是谁?写作的年代是哪一年?是怎样类型的文献?
2. 仔细研读文献:找出文献的主要观点和主要论证。
3. 联系上下文进行考察。
4. 和其他文献进行对比。

布切里先生让我们分小组逐一运用这些阅读策略。

"丘吉尔是谁?杜鲁门是谁?他们发表演讲在什么时候?谁是尼古拉·诺维科夫,他什么时候发的电报?谁是华莱士?他的信是什么时候写的?"当我们小组考察四份文献的作者和时间时,我们明白了为什么我们前后两次对同一问题——你觉得到底谁对冷战负主要责任——有截然相反的答案,是因为前后两次我们拿到的是不同立场的文献。

"丘吉尔认为苏联想要什么?""为什么杜鲁门相信1947年希腊需要美国援助?""杜鲁门提出的美国政策是攻还是守?文中的证据是什么?""尼古拉·诺维科夫是如何描写美国的,他用了什么证据来佐证他的描写?""华莱士最主要的观点是什么?"根据这几个问题,我们小组绘制了一份表格来标注四份文献的中心观点和主要论证,这样能够一目了然地进行参照对比。

当杜鲁门宣称:"如果我们在这一紧要时刻未能援助希腊与土耳其,那么,给予西方的影响将同给予东方的一样深远。"这意味着什么?我们小组把这个问题联系上下文进行了考察之后,开始进行文献比较:"对比杜鲁门和尼古拉·洛维科夫,华莱士对美国外交政策的描绘是怎样的?"

像历史学家一样阅读是为了提出自己的历史主张,那天,全班同学并没有就"谁对冷战负主要责任,是美国还是苏联"达成共识,没有谁在乎共识。

四、进入历史的语境中阅读

布切里先生说:"历史不是凝固的,而是多变的;历史不是一个定论,而是有多种声音,对同一个历史事件、历史人物的评价因人因时而不同。"在讲到"印巴分治"时,我们的议题是:"根据当时已知的情况,印巴分治是一个好决策吗?"这节课布切里先生希望我们阅读历史文献和探究历史议题时要注意进入历史语境。

1947年英国撤离印度时宣布了印巴分治计划,印度次大陆出现了一个独立的印度和一个新的国家——巴基斯坦。

1947年底,由于印巴分治产生了大约1500万的移民,并发生多次暴动,其中有30~100万的难民在印巴分治时死去。

课上,布切里先生先给我们发放了两份资料,一份是巴基斯坦之父穆罕默德·阿里·真纳的演讲节录,一份是印度独立后第一任总理贾瓦哈拉尔·尼赫鲁所著《印度的发现》一书的摘录。

穆罕默德·阿里·真纳的演讲(节录)

从1913年开始穆罕默德·阿里·真纳担任全印穆斯林联盟的主席,直到1947年8月15日巴基斯坦独立。1940年他在全印穆斯林联盟年会上发表了著名的演讲《两个国家》。

  如果英国政府真的希望保障次大陆人民的和平与幸福，唯一向我们打开的通道是允许印度人和穆斯林分开，在印度分别建立两个民族自治的国家。

  为什么我们的印度朋友无法领悟伊斯兰教和印度教的本质，这特别令人费解。从严格意义而言，两者实质的不同不在于宗教而在于它们是两个不同的独特的世界。印度人和穆斯林能够在同一个民族国家共存是不切实际的梦。对"一个印度国"的误解已经远远超越了界限，如果我们不及时修正我们的观念，这会是我们大部分苦难的根源，也将导致印度毁灭。印度人和穆斯林信仰不同的宗教哲学，有不同的社会习俗和文化。他们既不能互相通婚，也不能共同用餐，的确，他们属于两个不同的文明，而这两个文明的理想和观念相互冲突。将这样的两个民族置于同一个国家，其中一个在人口上是少数，另一个是多数，这势必导致不满的加剧，这样的国家政权最终会走向毁灭。

  如果一部宪法支持印度人为政府的多数派，那么印度的穆斯林是不能接受的。

  无论根据哪种关于民族的定义，穆斯林都是一个民族，他们必须有他们的祖国、他们的领土和他们的国家。我们希望作为自由独立的人与我们的邻居和平和谐共处。

第五章
像历史学家一样阅读

贾瓦哈拉尔·尼赫鲁的《印度的发现》(节录)

贾瓦哈拉尔·尼赫鲁是印度首任总理,印度独立前国会的成员。他积极参与了印度独立运动,1942—1945年由于非暴力不合作入狱,在狱中写下了《印度的发现》这本书,于1946年出版。

任何基于印度人和穆斯林宗教不同而提出的印度分治——正如今日穆斯林联盟的提议——都无法分开在印度这两个宗教的追随者,因为他们散居在整个印度的土地上,尽管在其中一个族群数量众多的地区,他们是分开居住的,但少数族裔依然居住在那个地区。并且这违背了其他宗教团体的意愿,如锡克教徒会被不公平地分开,被置于两个不同的国家。给予一个族群分开的自由,但却否定其他族群的这个自由。

如果考虑到分治的经济层面,那么很明显,一个完整的印度是一个强大的、或多或少自足的经济体。如果实行分治,占主导优势的印度和伊斯兰地区被分割,印度地区经济衰退不会那么严重,而伊斯兰地区将会变得经济落后。因此,一个古怪的事实出现了,那些今日要求分治的人将因此受到最大的伤害。

最令人震惊的是,那些主张巴基斯坦分治的人一直坚持拒绝给他们的主张一个明确的定义,或者想想这样的分治有哪些含义。他们乘坐的只是一架"情绪"飞机。

很难想象,从这样的动荡中能产生一个自由的国家吗?即便这个国家真的出现了,也将充满了矛盾和无法解决的问题。

和这两份资料一同发放的还有一页课堂作业纸：

根据当时的已有情况，印巴分治是一个好决策吗？		
文献	根据这份文献，印巴分治是一个好决策吗？	找出文献中的证据
A. 真纳		
B. 尼赫鲁		
评估：根据当时已有的情况，印巴分治是一个好决策吗？		

同学们快速完成了这项作业后，布切里先生让我们分组讨论："真纳和尼赫鲁的这两份文献都写在英国允许印度独立之前，也就是说，印巴是不是要分治的争论发生在印度独立斗争的背景之下。大家分析一下，这个历史背景是如何影响到真纳和尼赫鲁的主张的？"

我们讨论的时候，又有两份文献和一页课堂作业纸发了下来。

一份是对路易斯·蒙巴顿总督的采访，另一份是美国著名的印度史专家斯坦利·沃尔珀特的相关论述。

路易斯·蒙巴顿采访（节录）

路易斯·蒙巴顿是印度最后一位英国总督，在印巴分治二十年后他接受了这次采访。以下节录的采访内容表明了他对穆罕默德·阿里·真纳的看法。1948年9月11日穆罕默德·阿里·真纳死于某种突发性的结核病。

真纳其实是一个人在战斗，如果有人预先告诉我印巴分治后

第五章
像历史学家一样阅读

不久他就会死去,那么,我自问那时我会不会坚持维持印度的统一而不分治呢?我想我很可能会这么做。真纳是一个疯子,他绝对的、完全的不可理喻。我们没有希望他死掉,那个时候我们既耗不起时间,也无法预知后来的事,我们能做的只是用不同的方式去和他谈判。我假定我的对手能够活很久,而这个人以建立巴基斯坦为目标,我们无法让他转变观念。如果当时我们能够设想一下真纳会很戏剧性地在权力移交之前死去,我相信印度国会会因为他们的劲敌去世而大大地松一口气。而我们将做这样一个基础建设:国会准备放弃更多的席位,其他的穆斯林领袖会接受这些席位。我们没有得到真纳快要死了的消息,这实在让人觉得厌恶。无论如何,没有告知我这个消息可以说等同于犯罪。

如今我可以不假思索地说,那是唯一的机会,我们其实可以保障一定形式上的印度统一,因为只有他,我强调一下,只有他是绊脚石,其他的人并没有那么固执。我相信印度国会和他们达成了一些妥协。

斯坦利·沃尔珀特《可耻的逃离》(节录)

斯坦利·沃尔珀特(Stanley Wolpert)是美国研究印度史的专家,曾几次到访印度。2006年他出版了《可耻的逃离:大英帝国在印度最后的岁月》,书中他表达了对印巴分治的观点。下文节录了此书的前言:

1947年8月中旬,世界最强势的近代帝国,大英帝国,放弃了它保护五分之一人类的誓言。

首相克莱门特·艾德礼和他的阁员路易斯·蒙巴顿，在1948年6月前尽力推动印度两个存在政见分歧的党派领袖达成和解，在一个联邦政府中共事。但路易斯·蒙巴顿被肾上腺素控制，彻底粉碎了大英帝国在印度的最后希望，没有留给印度一个独立政府，决定将英属印度分割成印度和巴基斯坦两块领土。匆忙草率地将中北部两个重要省份——旁遮普和孟加拉——的分治线划定，两个地区从文化多元的中心地带被割裂。

　　印巴分治的悲剧，以及超过半个世纪的仇恨、恐惧和集体冲突，本来可以避免或缓和。然而由于少数英国和印度统治者的无知傲慢，这一切没能幸免。超过十个月的战后洽谈本可以帮助所有党派达成共识，那就是合作比冲突更明智，对话比分治更理性，唇战比武力冲突伤害更小，然而没有耐心的路易斯·蒙巴顿导致这一切夭折。

　　读完这两篇文献，我们开始做第二轮的课堂作业：

根据当时已有的情况，印巴分治是一个好决策吗？		
文献	根据这份文献，印巴分治是一个好决策吗？	找出文献中的证据
A. 蒙巴顿		
B. 沃尔珀特		
再次评估：根据当时已有的情况，印巴分治是一个好决策吗？		

　　交完作业之后，布切里先生让我们分组讨论："印度史专家斯坦利·沃尔珀特认为，蒙巴顿提出印巴分治是因为他被肾上腺素控制

了，他傲慢无知、没有耐心，才导致印巴分治这个错误的结果。你们同意他的观点吗？当我们评价历史人物的决策时，有没有想过他们并没有预测未来的能力，他们的决策是基于当时的条件。我们在评价历史政策和历史人物时，不进入当时的历史情境，不深入理解他们的心态，我们的历史评价是否公平？请大家重新阅读这四份材料，去体会一下真纳的心理世界和蒙巴顿的心态，列出四篇文献中相关的描述，而后我们一起评估斯坦利·沃尔珀特的观点。"

我们小组开始热烈讨论。

"蒙巴顿说：真纳是一个疯子，他绝对的、完全的不可理喻；尼赫鲁说：他们乘坐的只是一架'情绪'飞机，那个时候尼赫鲁的内心世界是什么样子的？"

"1947年6月，蒙巴顿提出印巴分治的方案。英国内阁让他在1948年6月前尽力促使二者达成和平协议，1948年9月11日穆罕默德·阿里·真纳死于某种突发性的结核病。是不是蒙巴顿没有耐心？如果等到1948年6月，印巴分治的历史是不是可以改变？"

我们不断分析四份文献，不断穿越回过去的时光，布切里先生的历史课堂让我们每个人都兴致勃勃地投入。

这堂课让我深刻体会到：想要像历史学家一样阅读历史文献，就应该"穿越"到那个时代，进入"历史的上下文"去体会当时的人物和事件。

五、一堂专门的文献评估课

除了在课堂引用DBQ项目和斯坦福项目来训练我们"像历史学

家一样阅读"之外,布切里先生还为我们上了一堂专门的文献评估课,来训练我们批判性阅读的能力。

那堂课我们拿到了六个评估文献的讨论题。

1. 历史问题：签署独立宣言的时候谁出席了？

资料一：2001年好莱坞拍摄的美国革命的电影。

资料二：1999年一位历史学家的著作，这位历史学家是美国革命的专家。

你更相信哪个文献，为什么？

2. 历史问题：南卡罗来纳州的奴隶制是什么样子的？

资料一：1936年对前奴隶的采访。采访者是一个黑人，男性，为联邦作家计划（FWP）收集口述历史。

资料二：1936年对前奴隶的采访。采访者是一个白人，女性，为联邦作家计划（FWP）收集口述历史。

你更相信哪个文献，为什么？

3. 历史问题：纳粹奥斯维辛集中营的布局是什么样子的？

资料一：1985年对80岁大屠杀幸存者的采访。

资料二：在纳粹档案中发现的集中营地图。

你更相信哪个文献，为什么？

4. 历史问题：为何在"二战"中日裔美国人会被放进收容所？

资料一：1942年美国政府对外宣传的影片。

资料二：1983年以来政府关于日本收容所的报告，基于解密的政府文献。

你更相信哪个文献，为什么？

第五章
像历史学家一样阅读

5. 历史问题：在1969年越南战争中美国士兵是否犯下暴行？

资料一：1969年美国中士在国会听证会上的誓言证词。

资料二：1969年美国将军在美国的巡回演讲。

你更相信哪个文献，为什么？

6. 历史问题：1876年小巨角河战役①发生了什么？

资料一：1985年以来的高中学校课本。

资料二：1876年战争结束日以来的新闻报道。

你更相信哪个文献，为什么？

"你更相信哪个文献"对所有的同学都不算难题，但要解释清楚"为什么相信"并不是一件简单的事。

我记得我们小组争论最热烈的议题是："南卡罗来纳州的奴隶制是什么样子的？你更相信哪个文献——黑人男性的采访还是白人女性的采访？"在这个问题上我们小组没有达成共识。

布切里先生认为网络资料对于现代历史议题非常重要，所以讲到"巴以冲突"时，给我们准备了四份文献，前三份文献摘自维基百科：第一份材料是以色列提出的和平协议；第二份材料是阿拉伯提出的和平协议；第三份材料是阿拉伯的敌意。

第四份材料来自纽约客网站（newyorker.com），题目是《跳出两国框架思维》(Thinking outside of two-state box)，作者优素福·穆纳耶尔（Youself Munayyer）是阿拉伯人，在全球100位有影响力的阿拉伯人

---

① 小巨角河战役，发生在1876年6月25日蒙大拿州小比格霍河附近，美军和北美势力最庞大的苏族印第安人之间的战争。

中位列第16。

这节课布切里先生引导我们学习评估网络资料。

"评估文献"是为了"像历史学家一样阅读","像历史学家一样思考"。在"巴以冲突"课堂,针对四份网络材料,布切里先生设计了七个问题。

1. 根据材料一,为什么以色列和巴勒斯坦达成和平协议如此困难?

2. 根据材料二,为什么以色列不相信阿拉伯提出的和平协议?

3. 根据材料三,以色列怎样维持它的军事力量?

另外四个问题是针对材料四的。

1. 为什么作者认为直到2016年,巴以问题的两国解决方案都不可能实现?

2. 犹太复国主义的理念给这个地区带来什么样的问题?

3. 根据材料,为什么两国解决方案对于巴勒斯坦不能生效?

4. 根据作者的说法,为什么以色列人不会接受一个巴勒斯坦人和以色列人平等的以色列国?

布切里先生引导我们"像历史学家一样思考",最终是希望我们能形成自己的历史见解,并且有一天我们能提出合理的"问题解决方案"。我想这正是布切里先生的课堂为什么引人入胜的原因。

第六章

读图读历史

美国历史教科书图文并茂，几乎每一页都有插图，地图、油画、照片、卡通图画等形式多样的图片，让历史变得生动、直观、有趣。此外，书中还设计了一些读图栏目，如"历史人物（People in History）""透过艺术看历史（History through Art）""图解历史（Picturing History）""地理技能"等。

布切里先生的课堂除了重视训练我们批判性阅读的能力外，还十分注重引导我们读图读历史，因为不仅文字在叙述历史，各种视觉资料也在叙述历史并帮助我们理解历史。每堂课预热环节之后的"图片侦查"、在讲述帝国主义时期开展的"画廊行走活动"、利用文字资料和图片资料探讨"为何纳粹的宣传会成功"，都让我印象深刻。当然，在读图读历史中，布切里先生最为强调的是读地图。

一、图片侦查："透过艺术看历史"和"图解历史"

在本书的推荐序一中布切里先生提到："每天我的课堂都是从开放式的讨论开始的，这能够帮助学生预备当天的课程。讨论时我不做讲解，只提出问题，并激发课堂有更多的声音加入讨论。下一步，我们会观察视觉资料,这样可以吸引学生投入教学。"

的确,几乎每次预热环节后都有"图片侦查"的环节。在这个环节中,布切里先生有时会使用每周作业纸上的图片。

比如,在讲到"工业大革命开始"时,我们"侦查"的是一张女工在纺织工厂的照片:"相比在农场的农民,在工厂工作的工人的生活是不同的,对此你有什么想法?"

在讲到"美国发动对伊拉克的战争"时,课堂讨论的中心议题是:"美国决定发动对伊拉克的战争,这一决定受到指责,因为在伊拉克并没有发现大规模杀伤性武器。你如何评估宣战的最初决定?"在"图片侦查"的环节我们查看了作业纸上的照片,一个儿童孤独地站在废墟之中,"战争对于伊拉克儿童意味着什么?国际儿童权益组织指出,战争对130多万名伊拉克儿童造成巨大的身心伤害,战后伊拉克儿童的生存条件远不如在国际制裁下的萨达姆统治时期。从照片中你体会到了什么?"

作业纸一周一份,而一周有五堂课,因此很多时候布切里先生会另外选择图片,或者使用教科书中的"看图栏目",比如"透过艺术看历史"和"图解历史"。

"透过艺术看历史"是美国教科书中很常见的栏目,仅在第二章第一节"英国革命"中就出现了两次。

第一幅画是小斐迪南德·皮洛蒂(Ferdinand Piloty the younger)的作品《伊丽莎白女王1588年面对西班牙无敌舰队》(1861),画中英国女王伊丽莎白一世正集结军队对抗西班牙——英国传统的敌人(图6-1)。为什么这幅画能起到支持民族感情的作用?

第二幅画题为《克伦威尔打开查理一世的棺椁》(1831,图6-2)。

第六章
读图读历史

History *through Art*

In this 1861 work by Ferdinand Piloty, Queen Elizabeth I is shown rallying troops against Spain, England's traditional enemy. Why does the painting support national feeling?

图 6-1

History *through Art*

Cromwell Opening the Coffin of Charles I, **1831**
French artist Paul Delaroche was famous for this painting on an English history theme. If this event actually occurred, do you think the painting would realistically capture Cromwell's attitude toward the executed king? Why or why not?

图 6-2

这幅画的作者、法国艺术家保罗·德拉罗什（Paul Delaroche）以画英国历史主题的油画而闻名。我们思考的问题是：如果这个场景真实发生过，你认为作品是否真实捕捉了克伦威尔面对断头的国王时的态度？为什么是，或为什么不是？

第九章"战争中的西方 1919—1939"中，使用的是一幅毕加索的画和一幅达利的画：

毕加索的画作《格尔尼卡》（1937，图 6-3）：这幅名画是一个强烈的反战宣言，图中的形象诉说了什么样的战争现实？

达利的画作《记忆的永恒》（1931，图 6-4）：超现实主义给日常用品一个梦幻般的氛围。达利如许多超现实主义艺术家一样，受到了弗洛伊德"潜意识理论"的影响。分析一下为什么在"一战"和"二战"之间超现实主义会迅速发展？

图 6-3

第六章
读图读历史

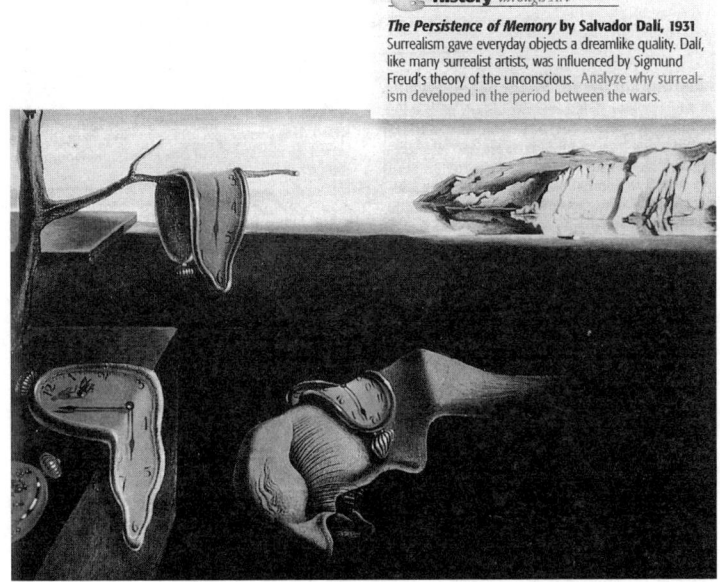

图 6-4

一开始我没有弄清为什么美国教科书要分设"透过艺术看历史"和"图解历史"两个栏目,因为讲到拿破仑时代时"图解历史"使用的也是一幅油画(图 6-5)。

在这幅画中,拿破仑正在为他的妻子约瑟芬皇后加冕。在他自己的加冕礼上,拿破仑从教皇庇护七世(Pius VII)手上夺过皇冠自己戴上。阅读这幅画我们需要回答的问题是:"拿破仑早些时候是如何与天主教会达成和解的?"

当我知道这幅《拿破仑一世加冕大典》是画家达维特用画笔忠实记录 1804 年 12 月 2 日在巴黎圣母院隆重举行的加冕仪式时,我便豁然开朗,这幅名画的实质是一张那个时代的照片。"透过艺术看历史"栏目选择的是各种艺术作品,"图解历史"栏目则主要选择各种形式

图6-5

的"照片"。

在教科书第十一章"第二次世界大战"第一节"通往战争之路"中就出现了两次"图解历史"。

一幅是1937年意大利出版的描绘希特勒和墨索里尼的插图（图6-6），阅读这幅插图我们需要回答的问题是：是什么意识形态使希特勒和墨索里尼结盟？

另一幅是一张照片：日本首相东条英机（前排居中）与日本内阁成员的合影（图6-7）。1941年8月东条英机被任命为日本首相，之前他是陆军大臣。分析这张照片，我们需要回答的问题是：你认为东条英机的任命在日本外交政策上意味着什么？

在布切里先生课堂的"图片侦查"的环节，我的美国同学们会十分兴奋，这让我望尘莫及。我的同学告诉我加州中小学十分重视艺术教育，"因为艺术可以发展我们的直觉、推理、想象，推动创造力"。

第六章
读图读历史

图 6-6

图 6-7

二、解读政治卡通:"画廊行走活动"

每次布切里先生在课堂展示政治漫画的时候,全班同学都很踊跃。

布切里先生在课堂上会训练我们有步骤地去解读政治卡通。"如何识别政治卡通里的暗语和影射、象征符号和寓言表达?我们首先整体阅读,确定卡通画的时代背景、主题以及卡通画要传达的主要信息是什么。接着我们进行局部解读,破译细节的信息,图中每个人物的形象和象征信息意味着什么。"活跃课堂的往往是在破译卡通的第二个环节时——局部观察。

我记得课堂上使用过两幅教科书中的政治卡通。

第一幅是法国巴黎1789年的漫画,题为《等级次序》(图6-8)。1789年法国大革命爆发,这幅画描绘的是法国大革命前夕法国的社

图6-8

第六章
读图读历史

会等级秩序。画面上,国王、贵族和僧侣愉快地在路上驾车行驶,这条路标注了"第三等级"的字样。漫画的主题十分明确:法国上层社会的悠然自得建立在他们对第三等级的碾压上。在漫画中,"国王、贵族和僧侣都是什么形象?他们之间的关系是什么?"

第二幅漫画题为《国际联盟与山姆大叔》(图6-9)。画面上"门外两个人拿刀厮杀,硝烟弥漫。两人标注为中国和日本;门内,国际联盟手指向日本,穿着星条旗的山姆大叔在冷眼旁观"。这幅漫画主要讽刺"九一八事变"后国联虽然认定日本是战争的侵略者,但不进行实质上的制裁,而美国同样只是旁观者。

美国教科书上政治卡通不多,课堂上的卡通漫画大多数是布切里先生自己准备的,通过PPT展示给我们。

讲述"工业革命后资本主义的特征"时,布切里先生给我们展示

图6-9

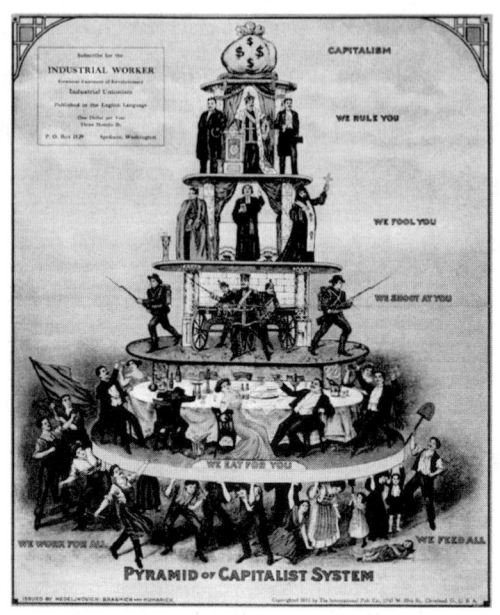

图 6-10

了一张卡通漫画，题目是《资本主义体系的金字塔》（图 6-10）。画面上，金字塔的塔尖是钱袋，文字标注为"资本主义"；最上面一层是政权，文字标注为"我们统治你"；第二层是宗教，文字标注为"我们愚弄你"；第三层是军事，文字标注为"我们向你射击"；第四层是"上流社会"，文字标注为"我们为你们吃喝"。这座四层的金字塔由广大的工人群众托起，文字标注为"我们为你们这些人工作，我们养活了你们这些人"。

工业革命之后，主要资本主义国家进入帝国主义阶段，开始大肆扩张，攫取海外资源。在讲述第六章"帝国主义的巅峰（1900—1914）"时，布切里先生把教室布置成了一个画廊，挂满了当时的政治漫画（图 6-11、6-12），来自英国、法国、德国、美国等国家的

第六章
读图读历史

图 6-11

图 6-12

政治漫画讽刺了当时列强对东南亚、非洲、印度、拉丁美洲、中国的殖民掠夺。布切里先生带我们边走边看，仔细考察这些政治漫画，而课上预热环节之后的"图片侦查"也是针对一幅当时的政治漫画，我们把那周称为"漫画周"。

三、运用地理技能

翻开厚厚的美国历史教科书，最直接的感觉是：历史与地理的内容结合得十分紧密，到处都是地图。

首先，正文第一章"现代之前的世界历史：前3000—1800"有长达111页的导论，这111页竟然有一半篇幅跟地理有关——地理对历史的影响、参考地图册和地理手册。参考地图册收入了世界、北美、南美、欧洲、非洲、亚洲、中东、太平洋地区的政治地图和自然地图，世界土地使用、世界人口分布、比较统计地图，以及世界国民生产总值的比较统计图、人口分布图（信仰、经济、密度……）、历史阶段图 [共有五部分："（公元）1—500""800—1500""1870—1914""1945—1960""极地地图"]。地理手册则包括我们如何学地理、地球和地图、基本的地图制作、懂得经纬、地图的种类、地理词典等内容。

我问过选修高中地理课的同学，得知高中地理课本上有同样的参考地图册和地理手册。这让我十分疑惑，为什么历史书上要把地理书的内容搬过来呢？

另外，教科书正文部分不时会出现一半地图一半文字的页面，"地理技巧栏目"明显比"透过艺术看历史"和"图解历史"的比重大。布切里先生每堂课的PPT都会出现地图，他很喜欢使用教科书

第六章
读图读历史

中"地理技能"这个栏目。这个栏目分为两个环节：解释地图和使用地理技能。

为什么美国历史课本和布切里先生如此强调地理技能呢？《美国现代化进程中的公民教育》一书这样写道：

> 到了1998年，加利福尼亚州教育局正式颁布了《加利福尼亚公立学校幼儿园至十二年级历史—社会科学内容标准》，该内容标准的一个突出特点，就是历史知识成为社会科学的核心内容，并与地理知识有机地融合在一起，例如七年级的课程内容为"世界历史与地理"，八年级的课程内容为"美国历史与地理"。
>
> 1988年11月，美国教育科技机构（Agency for Instructional Technology）出版了一本名为《美国历史中的地理》的教学指导书：该书出版的目的是想通过对地理与历史之间内在联系的考量，来促进美国社会的公民资格教育：地理学习能为更好地评价和理解历史事件的发生及其发展提供思考问题的视角、信息、概念和必要的技能，因此，地理学习对提高美国历史教学的质量和效果是非常有必要的。为达到这个目的，指导书准备了十个专题，并对每一个专题提出了具体要求：第一，每个专题都要强调和示范地理中的基本主题：①位置；②地方；③人类与环境的相互影响；④运动；⑤区域。第二，每个专题都要为学生提供锻炼认识能力的机会：①提问；②获得信息；③组织和提供信息；④形成和检测归纳；⑤做出评价。第三，每个专题都要增加对下面历史知识的理解：①年代表；②因果关系；③持久性与变化性；④一般记忆；⑤对历史事件的共鸣与同情。第四，每个专题都要专注于涉

及美国历史核心内容的事件……要将历史事件中涉及的地理知识融入历史的教学中,并用这些地理知识促进和启迪对美国历史重大事件的理解。

围绕每个专题积极组织相应的课堂活动,培养学生地理方面的认知能力,并通过这一能力,帮助他们更好地获取信息,做出正确的判断。比如,美国历史老师可以利用位置和地方的主题来分析西奥多·罗斯福总统修建一条横穿巴拿马的运河的决定,可以用人与环境相互作用的主题帮助学生加深理解20世纪30年代美国大平原的"沙尘暴"以及解决这一问题的"新政"项目,可利用区域、运动、地方等地理主题帮助学生理解20世纪前半期美国黑人的"大迁徙"。

1994年美国颁布的一份重要文献——《全国教育进步评审会美国史评价框架》中,就特别强调历史与地理联系的必要性,该文指出:"历史上人类的活动都发生在一定的地点,存在于一定的空间,并且彼此发生影响,如在自然环境方面,气候和地形就影响人类的行为,同时人们影响他们所居住的地区。因此,地理的主要概念,如地理位置、空间的相互关系应该成为历史学习的重要部分。"

21世纪初出版的一本教材《世界历史与地理》中,也特别指出历史与地理结合的必要性:一是有助于整合学生知识,并使其更有意义和便于记忆;二是可以提供更多的时间来学习从古代到当代的世界历史;三是允许学生有更多的时间来区分所学习的地理区域之间的差异,而不是像急行军那样学习完世界上的国家和地区;四是当地理和历史文化被结合在一起学习时,学生对每

第六章
读图读历史

个主题的理解会大大加深；五是由于历史文化提供一个可知的和可理解的背景，地理术语和概念是在一种有意义的背景下学习，而不是记忆无根据和孤立的事实。①

四、运用视觉资料探索历史议题

在布切里先生的课堂上，我们大量阅读文字资料，有时也会阅读视觉材料。譬如在讨论"美国冷战时期的拉美：美国是主动干涉还是被动卷入"这个历史议题的时候，布切里先生使用了美国和古巴的政治漫画帮助我们思考。

在探讨"为什么纳粹能说服99%的德国人和奥地利人支持吞并奥地利"这一议题时，布切里先生给我们发了三份文献，一份是希特勒演讲的节录，两份是视觉文献。

作为"一战"的战败国，《凡尔赛条约》规定德国割让大量的土地，向同盟国赔偿上亿美元，同时限制其军事规模。对于这些条款，大多数德国人十分愤怒，他们期待一个领袖带领他们重寻昔日的荣耀。1933年希特勒成为总理，他开始挑战《凡尔赛条约》，1938年3月，德军进入奥地利试图吞并这个国家。1938年4月，德国人和奥地利人被允许用公众投票的形式决定是否同意此次吞并。

最后投票的结果是，98.5%的德国人和99.71%的奥地利人同意此次吞并，即便是《凡尔赛条约》不得人心，这样的结果也实在是一场让人难以置信的胜利。这导致不少历史学家去仔细研究当时纳粹领

---

① 苏守波：《美国现代化进程中的公民教育》，山东人民出版社，2011，第273、275页。

袖为确保公投结果符合他们意愿所采取的策略。

为什么纳粹能够说服99%的德国人和奥地利人支持合并？布切里先生首先让我们读希特勒的演讲节录。为了让吞并奥地利合法化，希特勒呼吁进行一次公投决定是否合并。这次演讲发表在1938年4月9日，也就是投票的前一天。希特勒在他的演讲中指出，自己在奥地利出生，在奥地利长大：

> 当一日我们不复存在，我们的下一代将自豪地回顾这一天，这一天一个伟大的选举催生了德意志共同体。过往的岁月，成千上万的德国人为了这个德意志帝国洒下热血。今天，命运是何等仁慈，我们不需要痛苦，就能去建造一个德意志帝国。
>
> 现在，起来，德国人民，赞成它，将这次机会紧紧抓在你们的手中！我感谢上帝，是他允许我回到家乡，这样我能将她归还给德意志帝国！但愿每个德国人都意识到明天那个时刻的重要性，评估它并在全能者的意志下敬畏地低下头颅，因为是他在我们中间在过去短短几周里创造了奇迹。

针对这一文献，我们小组讨论了两个问题：希特勒敦促德国人同意合并的两个理由是什么？哪句话比较特别，可以说服有可能投同意票的德国人最终投出同意票？

接着我们开始看文献二。文献二是一张海报，鼓动德国人支持吞并奥地利，题目是《大德意志国：是的，就在4月10日》

阅读这张海报，布切里先生让我们思考的是：这次投票发生在德军进入奥地利之前还是之后？你们认为海报中有哪些独特的细节可以

第六章
读图读历史

引导德国人做出同意的选择？海报里的形象与希特勒演讲有什么关联之处？

第三份文献题目是《表决》，也是一张海报。海报上写道："你同意奥地利和德意志帝国重新联合吗？1938年3月13日联合已经开始。你们投票赞成阿道夫·希特勒成为我们的领袖吗？"图上一个大圆一个小圆，大圆上标注"yes"，小圆上标注"no"。

小组开始读图，找出这张海报上哪些细节会影响到选举者的决定。

最后我们需要通过三份文献的证据去回答：为什么纳粹能够说服99%的德国人和奥地利人支持合并？

我和我的同学都特别喜欢布切里先生的课，因为他的课上，资料图文并茂，内容丰富多彩。

第七章
通过历史课训练批判性思维

美国前总统奥巴马在一次高中开学演讲上说:"你们需要通过理科课程的学习,获得知识和解决问题的技能,治疗癌症和艾滋病,开发新能源技术,保护人类的生存环境。你们需要从文科学习中培养洞察力和批判性思维,消灭贫困、愚昧、犯罪和歧视现象。"

按照奥巴马的逻辑,消灭贫困、愚昧、犯罪和歧视现象需要"洞察力和批判性思维"。由此可见美国教育特别重视训练批判性思维,尤其是文科课程。

布切里先生也十分重视批判性思维的训练,无论是给我们布置"Be Critical"家庭作业,还是引导我们"读图、读历史",训练我们像历史学家一样阅读和思考,都是在培养我们的批判性思维。为此,他还会着重强调"概念的力量"和教科书中的"十七项历史技能"。

一、概念的力量

《学会提问》是一本经典的训练批判性思维的读物,书中写道:

> 准确辨认关键词或短语是决定你是否同意别人观点的必要步骤。

第七章
通过历史课训练批判性思维

如果你没有仔细核对起决定性作用的术语或词语的意思,也许你所评价的观点和作者的原意压根儿就风马牛不相及。①

在课前预热时间,布切里先生往往会提出一些开放性的问题,以便让我们更好地预备去"像历史学家一样阅读","像历史学家一样思考"。课前预热的开放性问题常常会围绕当日的重要概念,比如独裁、冷战、帝国主义,等等。

让我记忆最深的是对"独裁"的讨论。那堂课的内容是独裁政权的兴起。布切里先生首先抛出的问题是:"独裁是什么?""独裁为什么会产生?""独裁如何统治?"

他把我们的答案写在黑板上之后,课堂进入"图片侦查"的环节。我们要侦查的图片是一张表格:两个独裁者——墨索里尼和希特勒(表7-1)。

表 7-1

	墨索里尼 (1883—1945)	希特勒 (1889—1945)
国家	意大利	德国
政治头衔	首相	总理
掌权日期	1922	1933
所属政党	法西斯	国家社会主义工人党(也称纳粹)
政权类型	法西斯	法西斯
主要支持力量	中产阶级实业家和大地主	工业领袖,没落贵族,军队,官僚体系

---

① [美]尼尔·布朗、[美]斯图尔特·基利:《学会提问》第10版,吴礼敬译,机械工业出版社,2013,第59页。

（续表）

	墨索里尼 (1883—1945)	希特勒 (1889—1945)
控制反对派的策略	秘密警察（奥夫拉），抓捕入狱，宣布其他党派非法，宣传，对媒体的控制	盖世太保，宣传，国有媒体，恐吓，镇压，歧视性法律，集中营和死亡营
政策	支持天主教会，民族主义，反社会主义，反共产主义	重整军备，安置工作的公共事业项目，反犹主义，种族主义，社会达尔文主义，极端民族主义

看了以上表格，我们需要回答"图表技能"中的问题。

1. 比较：比较墨索里尼和希特勒，他们的相似点是什么？

2. 鉴别：民主体制下的人民用什么方法来表达他们对政府政治的不满？为什么这样的方法在独裁者的统治下难以奏效？

在回答完这两个问题后，布切里先生列出了我们总结的各种独裁的特征。看着黑板上的内容，我想到"民主"和"独裁"是一对反义词，如果大部分美国人不知道民主自由是什么，民主自由为什么，如何民主自由，美国的民主就很难推行下去；如果大部分美国人不知道独裁是什么，独裁为什么产生，独裁如何统治，美国的民主就可能会变质。于是我明白了为什么那天布切里先生要用将近半堂课的时间去解释一个词语——独裁。

一天，布切里先生发下一页纸，主题是"the Power of Words（词汇的力量）"，用整堂课领着我们去领会具体概念的力量。

课堂开放性的问题是："为什么概念有力量？对你们而言哪个概念有力量？"

第七章
通过历史课训练批判性思维

我立刻想到"粗心"这个概念。不知道有几个小孩没有被家长恨铁不成钢地指责说:"你怎么可以这样粗心,这道题这么简单,不可能是能力问题,就是你的态度问题,马虎粗心。"这句话我妈妈以前也常说,说的时候理直气壮,但我觉得委屈:我态度挺认真的啊!不过我心里也觉得疑惑:的确不是能力问题,的确是低级错误啊,比如一道很难的题,我前面步骤演算都对,到最后一步 $9 \times 9=81$,我的答案却写成 89,不是态度不认真,那是为什么?

幸好三四年级的时候妈妈发现了"粗心"这个词汇的另一个解释:不少粗心不是因为态度问题,而是因为手、眼、脑不协调。她于是明白了为什么 $9 \times 9=81$,我会写成 89,因为下一题的第一个数字是 9。从那以后,我的"粗心"才没有被扣上态度问题的大帽子。

准确定义一个概念实在很重要。那堂课,布切里先生带领我们定义了十个有力量的概念(表7-2)。

表7-2

有力量的概念 (power words)	我们知道它? 我们听说过它?	我们认为它的含义是?
民主		
暴政		
资本主义		
社会主义		
共产主义		
帝国主义		
军国主义		
民族主义		
极权主义		
霸权		

布切里先生要求我们两人一组探讨表格上的十个概念，对于每个概念我们需要回答四个问题：

1. 这个概念你听说过／知道吗？
2. 这个词汇对你意味着什么？
3. 在字典中怎么解释（如果没有，可以替换成专家们怎么解释）？
4. 你认为应该怎么解释，这个解释需要包含"是什么不是什么（what）""为什么（why）""如何（how）"。

这十个词汇我都听过，但这些词汇对我意味着什么呢？我发现我会自然而然把"民主""暴政"作为一白一黑的反义词，把"社会主义""共产主义"与"资本主义"配成一组，把"帝国主义"和"霸权"放在一起理解。如果照着what—why—how来评判我对这些词汇的真正了解，只能是不及格。就拿我最熟悉的概念"社会主义"来说，我也回答不出什么是社会主义，为什么要有社会主义，社会主义如何运行。

每讨论完两个词汇，布切里先生就让每个小组提供自己的定义，最后引导总结，如此进行了五轮。

很自然，布切里先生最后不会给我们十个"名词解释"这样的标准答案。他不断地推动我们深化对概念的探索。

经过五轮的概念探索，我熟悉了what—why—how的结构，这个结构不也是批判性思维的一个结构吗？

在我家的书架上有一本书《宽恕是一种选择》，作者恩莱特教授被《时代》周刊称为"宽恕研究的先驱"，他和他的同事们采用实证研究的方法发现了不宽恕对身心的伤害，而宽恕能带来人生的自由和新的视野，《宽恕是一种选择》就是他们的研究成果。有一天我随手

第七章
通过历史课训练批判性思维

翻了一下这本书,突然,我发现这本书就是对"宽恕"的概念进行定义,以"what—why—how"展开的。宽恕是什么?宽恕不是什么?为什么要宽恕?如何达到宽恕?恩莱特教授的"宽恕"概念帮助很多人走出困局,活出有意义的人生,并且他的研究成果带动了公民宽恕教育和儿童宽恕教育在许多国家和地区的推广。

"宽恕"是个有力量的概念,正确地定义"宽恕"真的很重要。于是我更加明白为什么布切里先生总会强调我们在阅读教材或其他历史文献时,一旦发现核心概念或关键性术语,一定要去考察。

以往遇到不确定的概念,我的习惯是去查字典,查完字典便觉得找到了权威答案。而根据布切里先生的概念探索步骤,查字典只是第三步,最重要的是第四步:你认为如何解释这个概念?这种安排让我有些疑惑:为什么要有查字典的步骤呢?为什么查了字典还要自己去解释呢?

在《学会提问》一书中我读到:

> 要对大多数有争议的论题进行客观评价。同义替换和举例说明这两种定义方式都不合适。它们并不能明确告诉你那些对清楚理解一个术语的意思起决定作用的具体特征。有用的定义则会指明具体的使用规则,而且越具体越好。到哪里去找你需要的定义呢?有个很明显又很重要的来源就是字典。但是,字典上的定义常常包含了同义替换、举例说明或是使用规则的不完全说明。这些定义在具体的文章中常常难以确切地界定术语的使用。在这种情况下,你就得从文章的上下文语境中找出这个词的潜在含义,

或者从你对这一讨论主题了解的其他知识里发掘其意思。我们建议你手头常备一本字典，但同时要知道字典里可能并不包含你所要找的合适的定义。

让我们来看一看字典定义中存在的一些不合适之处。阅读下面这段话：

"这所大学的教育质量并没有出现滑坡。我在访谈中发现，绝大多数学生和老师都说他们在这儿根本看不出有什么教育质量滑坡的现象。"

大家都知道在上面这一段中弄清"教育质量"这个短语的意思非常重要。如果你在字典中查"质量"这个词，你会发现它有很多种意思。考虑到这个词出现的语境，它最合适的意思就是"杰出度"（excellence）和"优越性"（superiority）。"杰出度"和"优越性"是"质量"的同义词，它们都比较抽象。你还是想准确地了解"杰出度"和"优越性"到底是什么意思。你怎么知道教育是"质量高"还是"杰出程度高"呢？理想的做法是，你希望作者准确地告诉你，他在使用"教育质量"这个词组的时候到底是指怎样的一种表现。你能不能想出什么不同的方式来给这个词组下定义呢？下面我们就列出了"教育质量"这个短语可能存在的几种定义。

- 学生的平均成绩。
- 学生批判性思考问题的能力。
- 有博士学位的教授人数。
- 考试过关通常要付出的劳动量。

每个定义都暗示了一种衡量教育质量的不同方法，每个定义

第七章
通过历史课训练批判性思维

都有不同的具体衡量标准。每个定义都提供了这一词组可能存在的具体使用方法。注意这些定义每个都有可能影响到你想同意作者推理论证的程度。例如,如果你认为这里的"质量"应该指学生批判性思考问题的能力,而大多数受访的学生都把它定义为考试过关要付出的劳动量,那么你的理由就不一定能支撑结论。考试过关也许根本就不需要有批判性思考问题的能力。①

读完,我顿时豁然开朗。如果没有上过布切里先生的课,有人问我什么是民主,什么是暴政,心情不好或是正忙的时候我会觉得这个人真是没话找话说,民主就是民主,暴政就是暴政,心情好的时候会给他一个同义词或者给他举例说明。我解释词汇的方式大多是同义替换和举例说明,如共产主义在我脑中的概念就是社会主义的高级阶段。所以很多顺口就用的概念我其实并不是真的了解其内涵。

二、批判性思维和十七项历史技能

我这篇文章的论点是:布切里先生十分重视批判性思维的训练。批判性思维几乎是很多人不假思索就顺口使用的概念,我是否真的知道这个概念?

我决定回答布切里先生的概念四问:

1. 这个概念你听说过/知道吗?
2. 这个词汇对你意味着什么?

---

① [美]尼尔·布朗、[美]斯图尔特·基利:《学会提问》第10版,第7~71页。

3. 在字典中怎么解释（如果没有，可以替换成什么？专家们怎么解释）？

4. 你认为应该怎么解释，这个解释需要包含"是什么不是什么（what）""为什么（why）""如何（how）"。

毫无疑问，我听说过批判性思维这个概念，然而我不能说自己真的理解它，因为这个词汇对我而言只是意味着"质疑性思维，对事务进行批判性思考而不是盲目接受"。我需要去查看专家的解释。

理查德·保罗（Richard Paul）是美国批判性思维国家高层理事会主席。他建立了批判性思维中心、国家批判性思维论坛以及国家批判性思维学会。在他的《批判性思维工具》一书的绪论中他提出了最新的批判性思维概念：

> 让我们思考批判性思维这一新的定义。批判性思维是一种对思维方式进行思考的艺术，该艺术能够优化我们的思维方式。而它包括三个紧密联系、互相影响的阶段：分析思维方式阶段、评估思维方式阶段和提高思维方式阶段。要想掌握批判性思维方式，个体要有对思维方式进行仔细检视和反思的意愿。①

在正文中，他再次探讨了批判性思维的概念：

> 批判性思维的概念反映了一种古希腊的观点。批判性这

---

① ［美］理查德·保罗、［美］琳达·埃尔德：《批判性思维工具》第3版，侯玉波等译，机械工业出版社，2013，第1页。

第七章
通过历史课训练批判性思维

一词汇有两个希腊根源：kriticos（意思是"恰当的判断"）和 kriterion（意思是"标准"）。从语源学上来讲：批判性这一概念的含义是"建立在某些标准上的恰当判断"。在《韦伯斯特新世界词典》中，与批判性有关的词条会显示"以仔细的分析和判断为特点的"，后面接着写道："严格地理解，批判性指尝试对事物的好坏进行客观的判断。"综合这些定义，批判性思维合适的定义为：批判性思维是建立在良好判断的基础上，使用恰当的评估标准对事物的真实价值进行判断和思考。批判性思维有三个维度：分析、评估、创造性。作为批判性思考者，我们分析思考以评估我们的思维，而又在评估思考中提高自身思维的质量。①

20世纪90年代，美国哲学学会运用德尔菲方法给批判性思维下的定义是：批判性思维是有目的的、自我调节的判断。

那么在我看来，批判性思维是什么？为什么要有批判性思维？如何能拥有批判性思维？

在阅读了一些和"批判性思维"相关的著作之后，我认为批判性思维是反省思维，是质疑性思维。批判性思维意味着不故步自封，乐于质疑自己或他人的见解，以开放性、公正性的态度去考察、分析、评估，最终校准自己最初的观点，提出一个更为恰当的有论据支持的判断。

为什么要有批判性思维？我认为：

---
① ［美］理查德·保罗、［美］琳达·埃尔德：《批判性思维工具》第3版，第6页。

1. 批判性思维可以带来解放。它可以将人从以自我为中心中解放出来。正如德国哲学家尤尔根·哈贝马斯（Jürgen Habevmas）指出的，批判性思维就是"解放性学习"，通过批判性思维的训练，人们可以从阻碍自己洞察新趋势的强制力中解放出来；可以从支配自己生活的强制力中解放出来；可以从支配社会和世界的强制力中解放出来，而这些强制力是来自个人的、来自制度的、来自环境的。

2. 批判性思维可以促进良好沟通的形式，使人与人的沟通不至于陷入"立场之争"。

3. 通过批判性思维可以找出问题的解决方案。

那么如何才能拥有批判性思维？答案很明确，那就是要通过训练。理查德·保罗指出：

> 任何事情都会有思维误区。为了提高自己思维方式的质量，你必须完成繁杂甚至令人痛苦的劳作：思维劳作。如果你想要提高自己的思维水平，你必须有所付出。一个人不可能一夜之间就成为一个优秀的篮球运动员或舞蹈家，同样，我们也不能期望自己一夜之间就变成一个熟练的批判性思考者。为了提升思维水平，你必须有对思维方式进行思考的动机。在体力劳作中，我们常说："没有付出就没有收获！"在这里，更准确地说应该是："没有思维的付出，就没有思维收获！"[①]

美国从中小学开始就重视批判性思维的训练，这些训练主要围绕

[①] ［美］理查德·保罗、［美］琳达·埃尔德：《批判性思维工具》第3版，第4页。

第七章
通过历史课训练批判性思维

批判性思维的基本技能展开。我翻看过美国小学和初中的课本，常常出现 comparing and contrasting（比较与对比）、analyzing（分析）、identifying cause and effect（识别原因与结果）、distinguishing fact from opinion（将观点与事实进行区分）、evaluating（评估）、applying（应用）。

在我的美国高中历史课本的附录中，有《批判性思维：技能培养手册》，其中列举了十七项历史技能：

1. 做对比（Making Comparisons）

2. 理解起因及影响（Understanding Cause and Effect）

3. 解释图表（Interpreting Grapes）

4. 识别论据（Identifying an Argument）

5. 鉴定偏见（Detecting Bias）

6. 评估网址（Evaluating a Web Site）

7. 在地图上寻找准确地点（Finding Exact Location on a Map）

8. 解释地图上的军事行动（Interpreting Military Movements on a Map）

9. 分析政治卡通（漫画）（Analyzing Political Cartoons）

10. 推论并下结论（Making Inferences and Drawing Conclusions）

11. 信息整合（Synthesizing Information）

12. 分析一、二手资料（Analyzing Primary and Secondary Sources）

13. 整理资料（Summarizing Information）

14. 写报告（Writing a Report）

15. 区分事实和观点（Distinguishing Between Fact and Opinion）

16. 阅读卡通图形（Reading a Cartogram）

17. 概括总结（Making Generalization）

历史教材正好十七章，按照教材的设计应该是在第一章对应培训第一项技能，在第二章重点培训第二项技能，每一章对应培训一项技能。

布切里先生并没有这样生硬地照课本来训练我们这十七项历史技能。他的课有两大模块，一是带领我们讨论历史议题，二是引导我们去探索历史项目。通过这两大模块，综合性训练我们十七项和批判性思维相关的技能。（表7-3）

表7-3

布切里先生的历史课	环节	主要训练技能
讨论历史议题	批判性阅读	1. 做对比 2. 理解起因及影响 3. 解释图表 4. 识别论据 5. 鉴定偏见 6. 评估网址 12. 分析一、二手资料 15. 区分事实和观点
	读图读历史	7. 在地图上寻找准确地点 8. 解释地图上的军事行动 9. 分析政治卡通（漫画） 16. 阅读卡通地图
探索历史项目	项目写作	10. 推论并下结论 11. 信息整合 13. 整理资料 14. 写报告 17. 概括总结

第七章
通过历史课训练批判性思维

三、讨论历史议题模块训练的主要技能

布切里先生给我们一个历史议题，围绕它发放多角度多类型的文献，训练我们批判性阅读的能力。鉴定文献、评估文献无疑是一种批判性思维的训练方法，而与此同时，"做对比""理解起因及影响"等技能的训练都会贯穿其中。

布切里先生强调每个学生都要好好阅读美国教科书附录中的《技能培养手册》，因为掌握大量的历史事实不会让我们具备历史学科的素养，历史学科的素养来自掌握历史分析技能，也就是批判性阅读和思考的能力。

"做不同的项目，进行探索性学习"是我到美国之前对美式教育的一个重要认知，这一认知在布切里先生的历史课堂被充分证实。除了在课上讨论历史议题之外，他还设计了让我们自主探索的历史项目，如"帝国主义""阿拉伯之春""当代全球问题"等。

同学们完成这些项目最后递交的报告形式很多样，可以是展板，也可以是漫画，当然大多数还是文字。布切里先生主要通过"探索历史项目"这个模块来训练我们整合信息、整理资料、写作报告等技能。

我个人则也结合自身的兴趣开展探索。《学会提问》一书的封底用红色的大字写道："中国教育不会教你批判性思维方法"，而我也无数次听到这样的说法：中国人缺乏批判能力。这引发了我的思考：中国人缺乏批判性思维吗？原因何在？

《学会提问》中提到了强势批判性思维和弱势批判性思维的区分。目前，多数情况下使用批判性思维这个概念指的是强势批判性思维。

批判性思维可以用来：①捍卫自己的观点；②评价和修正自己的初始观点。理查德·保罗（Richard Paul）教授对弱势批判性思维（weak-sense）和强势批判性思维（strong-sense）的区分有助于我们理解批判性思维两个对立的用途。

如果你利用批判性思维来捍卫自己当前的看法，你就在使用弱势批判性思维。为什么说这种思维是弱势的呢？用这种方式来使用批判性思维技能就意味着你对能否接近真理和发扬美德漠不关心。弱势批判性思维的目的就是抵制和驳倒那些与你意见不同的观点和论述。最终看到那些和你意见不同的人甘心认输，以此作为批判性思维的终极目标，实际上也就摧毁了批判性思维潜在的人性一面和不断发展进步的特征。

相反，强势批判性思维要求我们用关键性问题一视同仁地质疑一切主张，包括我们自己的主张。强迫自己辨证地看待我们的初始看法，我们才能保证自己不会变得自欺欺人和人云亦云。抱着自己的初始观点死死不放虽然很容易，尤其很多人的观点与你相同时更是这样。可一旦我们选择走这条容易的道路，我们就极有可能犯下原本不该犯的错误。强势批判性思维并不一定就要迫使我们放弃自己的初始看法。①

我发现《中国人的思维危机——中国教育扼杀了中国人的思维能力》里提到"中国人缺乏思维力"时举出的例证和现象，都表明中国人"擅长使用弱势批判性思维来捍卫自己和自己的观点"，并且在使

---

① ［美］尼尔·布朗、［美］斯图尔特·基利：《学会提问》第10版，第11~12页。

第七章
通过历史课训练批判性思维

用概念的时候通常对概念的界定并不精确清晰,思维含混。

美国著名传教士和汉学家阿瑟·史密斯(A. H. Smith)在他1890年出版的《中国人的特性》中也指出中国人思维含混:

> 思绪含混的一个突出事例是,中国人习惯于用事实本身来解释事实。你问一位中国厨师:"你为什么不在面包里放些盐?"得到的回答是:"我们都不在面包里放盐。""你们城里有这么多好吃的冷冻食品,为什么不留一点在冬天吃呢?""是的,我们不留冷冻食品在冬天吃。"如果那位声称"能够弄明白事情缘由的人是快乐的"的拉丁诗人生活在中国,他会把这句格言改成"试图去弄明白事情缘由的人是不快乐的"。①

我承认我的思维中的确会出现史密斯所说的"用事实本身来解释事实",但我觉得用厨子的例子来论证中国人思维含混并不是很恰当。20世纪20年代爱因斯坦来到上海,很吃惊地发现:"在上海,欧洲人是统治阶级,而中国人则是他们的奴仆"。

试想:史密斯是洋老爷,无论他对厨子如何和善,他也是老爷,厨子也只是奴仆,史密斯问厨子:"你为什么不在面包里放些盐?""你们城里有这么多好吃的冷冻食品,为什么不留一点在冬天吃呢?"对于厨子来说他会不会有这样的觉悟:洋老爷是想和我探讨一下问题?不会!他正常的反应只能是洋老爷在质问我:"你应该在面包里放些盐,而你为什么不放?你们城里有这么多好吃的冷冻食品,你应该留

---

① [美]史密斯:《中国人的德行》,陈新峰译,金城出版社,2008,第94页。

一点在冬天吃,为什么不?"他快速自卫的反应只能是"我们都不在面包里放盐""我们不留冷冻食品在冬天吃",言外之意是我只是和大家一样,我没有做错什么。

既然阿瑟·史密斯使用厨子的回答作为论证不全面、不恰当,那么他关于中国人思维含混的论点还成立吗?

辜鸿铭认为阿瑟·史密斯并不真正了解中国人,他的书培育了殖民者的优越感:

> 阿瑟·史密斯牧师自然成为约翰·史密斯非常亲爱之人,他那本《中国人的特性》一书,也就成了约翰·史密斯的一部《圣经》。我想,为了维护那些住在中国且讲求实际的外国人的声誉起见,当他们来同中国人实际交往的时候,还是应该抛弃那类关于东方精神的真正本质的胡言乱语。约翰·史密斯是泛指那些认为比中国人优越的、要用盎格鲁-撒克逊观念开化中国的英国人。[①]

即便如此,辜鸿铭也认同阿瑟·史密斯的判断——中国人思维含混,缺乏精确的习惯:

> 必须承认,就中国人的智力发展而言,在一定程度上被人为地限制了。众所周知,在有些领域中国人只取得很少的进步甚至根本没有什么进步。这个领域有自然科学方面的,也有纯粹抽象

---

① 高令印、高秀华:《辜鸿铭与中西文化》,福建人民出版社,2008,第290页。

第七章
通过历史课训练批判性思维

科学方面的,诸如数学、逻辑学。实际上欧洲语言中"科学"与"逻辑"二词,是无法在中文里找到完全对等的词加以表达的。①

为什么中国人会有思维含混、缺乏精确的习惯?我决定搜集多角度的文献。最终我搜集到了三种文献。

第一种:辜鸿铭的解释:

> 我们举的关于中国人特性的最后一例,是其缺乏精确的习惯。这是由阿瑟·史密斯提出并使之得以扬名的一个观点。那么,中国人缺乏精确性的原因又何在呢?我说依然是因为他们过着一种心灵的生活……浅薄的中国留学生认为中国人民未能使其文明得到任何发展,中国文明是一个停滞的文明。像孩童一样过着心灵生活的中国人,对抽象的科学没有丝毫兴趣,因为在这方面心灵与情感无计可施。事实上,每一件无须心灵与情感参与的事,诸如统计表一类的工作,都会引起中国人的反感。如果说统计图表和抽象科学只是引起了中国人的反感,那么欧洲人现在所从事的所谓科学研究,那种为了证明一种科学理论而不惜去摧残、肢解生物的所谓科学,则使中国人感到恐怖并遭到了他们的抑制。实际上,我在这里要指出的是:中国人最美妙的特质并非他们过着一种心灵的生活。所有处于初级阶段的民族都过着一种心灵的生活。正如我们大家都知道的一样,欧洲中世纪的基督徒

---

① 高令印、高秀华:《辜鸿铭与中西文化》,第288页。

们也同样都过着一种心灵的生活。马太·阿诺德就说过:"中世纪的基督教诗人是靠心灵和想象来生活的。"中国人最优秀的特质是当他们过着心灵的生活,像孩子一样生活时,却具有其他任何处于初级阶段的民族所没有的思想与理性的力量。①

第二种:林语堂的解释:

周代所有的古哲学家中,只有墨子和韩非子的风格接近有力的论证风格,孟子毫无疑问是伟大的诡辩家,然而他只是对"利""义"等大而又泛的词感兴趣。其他哲学家,如庄子、列子、淮南子,只对漂亮的比喻感兴趣。②

第三种:丁韪良的解释:

丁韪良(William Alexander Parsons Martin)是美国北长老会派到中国的传教士,1850年来到中国宁波,直至1916年卒于北京,总计在中国生活了62年(有4年时间不在中国),是京师大学堂即今天的北大成立时的西学总教习。

丁韪良列举了很多中国文化方面的现象,说明中国人"民族心智"的缺陷,比如中国人认为心,而不是脑,是思维的所

---

① 高令印、高秀华:《辜鸿铭与中西文化》,第288页。
② 林语堂:《中国人》,郝赤东、沈益洪译,学林出版社,2007,第67页。

第七章
通过历史课训练批判性思维

在。丁韪良认为金木水火土的五行观是荒谬的；他说中国的语言没有语法也表示了中国人思维能力的不足。不过，如果中国人如此不可救药，传教士就没事可干了，所以我们又看到丁韪良说中国人心智的缺陷是有缺陷的汉语和中国的教育体制造成的。中国教育厚古薄今、文官考试范围狭窄，都加重了中国人心智的发育不良。[①]

无论是辜鸿铭强调的"中国人注重心灵生活"，还是林语堂指出"中国哲学家爱比喻"，或是丁韪良谈到的"五行观"，都说明中国人不重视精确的定义概念。对照布切里先生课堂强调的"概念的力量"和"十七种历史技能"，我觉得中国人缺乏批判性思维的首要原因就是不重视"概念的力量"，而精确的概念恰恰是批判性思维的前提。

[①] 于岚：《丁韪良研究》，第109页，来源于加拿大图书及档案馆。http://www.collectionscanada.ca/obj/s4/f2/dsk2/ftp03/MQ38423.pdf，转引自宋怀常：《中国人的思维危机》，天津人民出版社，2010，第19页。

第八章
1968年：全球视野

在结束了一个学期的世界历史课程之后，布切里先生又自己组织材料用一周时间特地给我们讲述了"1968年"。因为世界是一个不可分割的整体，所以世界史的学习需要培养学生的全球角度和世界视野，使其学会考察历史事件之间的相互关系。也就是说，布切里先生希望通过1968年这一特定年份教会我们学习历史的一个方法，即把这一年全球发生的重大事件合在一起，分析全球性问题。

为什么要选择1968年呢？因为1968年是一个世界范围内的抗议活动年。

20世纪60年代初期，欧美经济达到了前所未有的繁荣，上大学的人数也急剧增长。推动欧美国家繁荣的前提是人们要欣然接受资本主义提供的所有一切，但新兴一代越来越质疑资本主义的多项价值。

与此同时，由于和苏联的不同关系，东欧各国也产生了两个趋势：一个是加强社会主义体制；一个是质疑社会主义体系，接受了社会主义价值观的知识分子质疑现有的政府是否有能力满足人民的要求。

同一时期，在前殖民地，也就是被称为第三世界的地方，革命和

第八章
1968年:全球视野

改革形成浪潮。非洲、美洲和亚洲的部分地区,人们在创建自己的民族国家过程中树立了自身的价值。当强权政府试图阻止这些革命和改革的时候就会引发战争。

对资本主义、社会主义和殖民政权的批评导致20世纪60年代音乐、诗歌与写作的繁荣。那个时候,二十多岁的青年男女普遍会提出无数的问题,这些问题关于社会也关乎他们自身在社会上的地位。这些青年也开始行动,他们试图推进社区改革、国家改革甚至国际改革;他们反对主流文化;其中政治激进的青年们甚至希望通过暴力达到他们改革的目的。

1968年,大部分国家的当权阶级开始回应这些由他们下一代倡导的变革,希望找到方法去破坏或者镇压这些变革。

1968年秋天,政治抗议失去了地位,然而反主流文化的趋势仍然继续。基于1968年的抗议活动产生了很多理念,比如公民权利、妇女权利等。"二战"后的一代开始质疑父辈给予他们的价值观,而思想观念的革新最终改变了这个世界。

一、音乐中的1960年代

简单介绍了为何要用一周的时间来研究1968年的情况之后,布切里先生发给我们一份资料,上面有六首歌的歌词。这六首歌是:

1. *Blowin'in the Wind*   by Bob Dylan, 1962.
2. *The Times They Are A-Changing* by Bob Dylan, 1963.
3. *Master of War*   by Bob Dylan, 1963.

4. *All You Need is Love*　　　　　by The Beatles, 1967.
5. *I Got Life*　　　　　　　　　　from Hair, 1968.
6. *Ballad of Spring Hill*　　　　　by Peter, Paul & Mary, 1958.

布切里先生开始播放第一首歌，鲍勃·迪伦的 *Blowin'in the Wind*（《答案在风中飘》）。听着这首半个多世纪之前的歌曲，我仿佛进入了那个时代。音乐可能是最能帮助人"穿越"时代的，因为音乐会记录那个时代的气质和精神活动。放完歌曲后布切里先生问我们有什么感想，这首歌给我们带来的感觉是什么。

"1963 年，21 岁的鲍勃·迪伦在美国一个乡村咖啡店写下 *Blowin'in the Wind*。这首歌称得上是 60 年代的'国际歌'。我们先一起逐句分析这首歌词的第一段，接下去你们分小组分析。"

How many roads must a man walk down / Before you call him a man?（一个人要走多少路 / 才可以称为人？）有什么内涵？我迷惑了。我想我的美国同学或许会知道，结果他们也望着老师。

布切里先生拿出了一幅漫画，漫画上有一个黑人，标示为 boy；一个白人，标示为 man。白人拿着独立宣言，上面写着：All men are created equal。一看到这幅漫画我们就明白了，原来鲍勃·迪伦歌中这句话是反对种族不平等的。意思是一个（黑）人要走多少路，才能被称为人（man 而不是 boy）。

How many seas must a white dove sail / Before she sleeps in the sand?（一只白鸽要越过多少海水 / 才能在沙滩上安眠？）这句简单，人人都知道白鸽代表和平，这句是呼唤和平的意思。

How many times must the cannon balls fly / Before they're forever

第八章
1968年：全球视野

banned？（炮弹要在空中呼啸多少次 / 才会被禁止？）the cannon balls 也影射核武器，这句的意思很明显，是反战。

The answer, my friend, is blowing in the wind / The answer is blowing in the wind（答案，我的朋友，在风中飘 / 答案在风中飘。）这句是说人们找不到答案吗？不是，是说人们可以选择视而不见，也可以在风中去寻找答案。

分析完第一段歌词之后，布切里先生让我们自己分析第二段、第三段的歌词，并思考这首歌鼓励听众采取什么行动？

第二段很明显是反对种族隔离和种族不平等以及谴责人们的沉默冷漠和对问题视而不见。

How many years must a mountain exist / Before it is washed to the sea?（山峰要屹立多少年 / 才会被冲到海边？）

How many years can some people exist / Before they're allowed to be free?（一些人要生存多久 / 才能被给予自由？）

How many times can a man turn his head / And pretend that he just doesn't see?（一个人可以转头多少次 / 假装他只是看不见？）

第三段继续谴责人的冷漠，希望人们抬头关注问题，寻找风中的答案。

How many times must a man look up / Before he can see the sky?（一个人需要多少次抬头 / 才能看见天空？）

How many ears must one man have / Before he can hear people cry?（一个人要有多少双耳朵 / 才能听见人们的哭泣？）

How many deaths will it take / Till he knows that too many people have died?（要经历多少次死亡他才会知道 / 太多人已经付出了生命？）

Blowin'in the Wind 这首歌在我听来有一种哀伤，这种哀伤不只是针对战争和种族隔离，更是针对人的冷漠。这种哀伤的情绪可以唤醒人们对战争、对种族隔离问题的关注。

小组逐句分析完 *Blowin'in the Wind* 的歌词后，布切里先生让我们思考：这首歌传递的主要信息是什么？歌曲在鼓励听众采取什么行动？

接着我们开始听鲍勃·迪伦的另一首歌 *The Times They Are a-Changing*（《这是一个变革的时代》）。听完后布切里先生同样首先提问：听完这首歌后你有什么感想，这首歌给你带来的感觉是什么？而后小组逐句分析歌词，最后思考：这首歌传递的主要信息是什么？

歌曲在鼓励听众采取什么行动？

这一堂课我们听了六首歌曲，分析了它们的歌词。聆听着60年代的流行音乐去分析60年代的社会思潮，这对我而言的确是非常新颖的一件事情。历史不只在历史文献的记载里，也在诗歌里。

布切里先生最后问：通过这六首歌，你们所感受的20世纪60年代是什么样的？我觉得20世纪60年代正如鲍勃·迪伦唱的，是个变革的时代：

Come mothers and fathers / Throughout the land（来吧 / 地上的父母）

And don't criticize / What you can't understand（别责备你们 / 所

第八章
1968年：全球视野

不了解的一切）

Your sons and your daughters are beyond your command（你们的儿女正超越你们的掌控）

Your old road is rapidly aging（你们的路正迅速老化）

Please get out of the new one / If you can't lend your hand（请让开道路 / 如果你们不伸手帮助）

For the times they are a-changing（这是一个变革的时代）

二、《休伦港宣言》

周二，布切里先生发下了《休伦港宣言》的节录。和流行音乐一样，《休伦港宣言》也是那个时代的重要象征。

相比以前，20世纪60年代初，美国有更多的年轻人注册上大学，那个时代大学是讨论政治问题和经济问题特别是人权问题的温床。1962年6月，一些人权激进分子和一些有着强烈自由观的年轻人或者左派分子在密歇根的休伦港参加了一个民主社会学生同盟（SDS）会议，会议发表了一个2500字的宣言，围绕的中心是美国必须更大程度地"参与民主制度"。这份宣言的主要作者是密歇根大学的一位学生汤姆·海登（Tom Hayden）。该宣言被称为美国新左派的第一篇宣言。

《休伦港宣言》（节录）

我们是这样的一代，我们在至少是舒适的环境中长大，目前住在大学校园里，不安地张望着我们所继承的世界。

当我们还是孩子时，美国是世界上最富裕、最强大的国家：拥有原子弹、最少被现代战争恐吓、联合国的一个发起国。我们认为联合国可以将西方的势力扩散到全世界。我们觉得美国的这些价值观——人人自由平等，政府民有、民治、民享很好，有了这些原则我们才能像人一样活着。我们中许多人开始在自满中成长。

然而，随着我们长大，我们的舒适被很多不能不令人困扰的事件打破。首先是人类退化这一罪恶的事实随处可见。这一事实以南方反种族偏见斗争为象征，迫使我们大多数人从沉默变为积极行动。其次是冷战封闭世界的事实，这一事实以原子弹的存在为象征，使我们意识到：我们自己、我们的朋友，以及因共同的危险而使我们更直接地知道的千百万抽象的"他人"可能随时死去。

对于其他的人类问题，我们可以故意忽视、回避或麻木不仁，但绝不能是这两个问题，因为这两个问题的冲击太直接、太猛烈，它们太富有挑战性，它们要求我们作为个体对冲突和问题的解决承担起责任。

我们不能再依靠大多数人的竞争去保障工商企业对社会负责。大多数人的竞争已经成了少数人的竞争。我们也不能再相信企业官僚主义会有社会责任或会发展民主的"企业良心"。企业之间的利益共同体，工厂领袖们的无政府主义原本是要对人民负责，是真实地对人民负责，而不是对一个不明确的可质疑的"国家利益"负责。劳工和新组建的政府不能够来"规范"企业。一个新的重整，一个新的责任的号召是必要的：不仅仅是要改变"工作规则"，我们必须考虑的是改变社会规则，通过挑战没有被

第八章
1968年：全球视野

挑战过的美国企业政治，在政府能真正开始控制企业为了"大众利益"之前，大众必须对政府有实质上的掌控：这要求一个政治的运动以及一个经济的重组。

作为学生，为民主社会而奋斗的学生，我们致力于在全国的校园和社团里推动这种社会运动、这种憧憬和进步。如果我们看起来像人们说的那样，是在寻求一些难以达到的目标，那么我们应该让人们知道，我们这么做其实是在避免那些无法想象的（危机）。

当布切里先生问我们《休伦港宣言》与播放过的歌曲之间的共同点是什么时，我们快速回答出：反对种族歧视和反对战争（冷战）。

布切里先生接着问：无论是20世纪60年代的这几首歌曲还是《休伦港宣言》都在试图解决当时的政治问题和社会问题，呼唤人们不要故意忽略或回避问题，那么到底是歌曲还是宣言的形式更能引发你们的共鸣呢？也就是说，如果你们现在处于20世纪60年代，你们会选择像鲍勃·迪伦那样透过歌唱宣扬种族平等与反战的理念，还是更愿意加入民主社会学生同盟，写出《休伦港宣言》那样长长的改革社会的方案呢？

最后布切里先生抛出了最重要的思考：《休伦港宣言》对今天的美国有什么影响？

这个问题被讨论了很久，我基本是听众，因为我对今天的美国不可能比我的美国同学更有发言权。我听着他们的讨论，发现通过阅读《休伦港宣言》，很多同学都更加了解自己国家的现状了。

三、1968 年的四个抗议

20 世纪 60 年代的音乐和《休伦港宣言》的教学目的是给我们提供理解 1968 年的历史背景，紧接着我们正式进入 1968 年。

1968 年全球范围都在发生抗议行动，我们集中研究了四个案例，分别发生在纽约、巴黎、布拉格和墨西哥城，地理位置覆盖了东欧、西欧、北美、拉美。布切里先生希望我们研究这四个案例的相同与不同之处，寻找出跨国界的联系。

厚厚的材料发放到我们手上后，布切里先生进行了简要的介绍。

第一个是哥伦比亚大学学生抗议活动。

1968 年春天，哥伦比亚大学的学生发出抗议，要求哥伦比亚大学放弃 IDA（美国国防分析研究所）的会员身份，并反对学校在纽约哈莱姆区（黑人聚集区）修建体育馆（他们认为这是侵犯黑人人权的表现）。他们用路障封锁了汉密尔顿大楼，后来校长报警，纽约市警察进校与学生发生冲突，导致 150 人受伤，30 人退学。不过最后哥伦比亚大学停止修建体育场并退出 IDA。

现在哥伦比亚大学的体育馆非常特别，横贯整个哥伦比亚大学地下区域，整个校园下面都是体育馆。

第二个是法国五月风暴。

法国五月风暴也被称为法国的"文化大革命"。由于学生集会，与警方发生冲突，1968 年 5 月 13 日法国工会号召全国工人总罢工支

第八章
1968年：全球视野

持学生，千百万工人加入运动。首先是巴黎80万工人大罢工，接着罢工浪潮席卷整个法国，法国上下一片混乱。法国的这个红五月到处都是大字报，示威者喊出了各种口号，比如"埋葬消费社会和异化社会，独创一个新的世界""与工农结合"等。最后还是戴高乐将军出面发表演讲才平息了这次全国性的抗议。

第三个是布拉格之春。

布拉格之春是指开始于1968年1月5日的捷克斯洛伐克国内的一场政治民主化运动。20世纪60年代，捷克斯洛伐克国内政治、经济和民族关系的发展出现了各种问题。在这一背景下，新任的第一书记杜布切克提出了"带有人性的社会主义"的政治改革，但苏联认为这是对其领导地位的挑战，于当年8月20日展开了代号为"多瑙河"的军事行动，控制了捷克斯洛伐克全境，占领了布拉格，逮捕了杜布切克。

第四个是墨西哥奥运会期间的抗议行动。

1968年，墨西哥学生组建了国家罢工委员会，要求政府进行六项改革，并在9月13日组织静默抗议。尽管大规模静默抗议和平进行，但在10月2日，奥运会开幕十天前，政府武装对聚集在墨西哥城特拉特洛尔科区"三文代广场"举行大规模抗议活动的人群开火，死伤数百。事后墨西哥政府迅速掩盖了该事件。

同学们分成四个小组，每个小组选择一个案例进行深度阅读。每个小组的成员都要在阅读中总结并回答以下五个问题：

1. 是什么问题导致了 1968 年的抗议？
2. 1968 年的抗议以何种标准划分全球的支持者和反对者？
3. 这些抗议在政治和社会上产生了什么效果？
4. 这些抗议在个人权利发展运动中扮演了什么角色？
5. 这些抗议对于 20 世纪 60 年代以及之后的代际冲突有什么影响？

而后小组讨论，再之后每个小组选派一名代表深入讲解本组议题。

令我吃惊的是，想选"墨西哥抗议"的同学非常多，其次是"哥伦比亚大学抗议"，我说服了我的小组成员选"布拉格之春"。在布切里先生教的三个班中我们小组是唯一选择"布拉格之春"的。我们班的几个小组，两个小组选了"墨西哥抗议"，两个小组选了"哥伦比亚大学抗议"，没人选"法国五月风暴"。

听小组代表发言的时候，我发现选择墨西哥抗议的小组成员读了三份文献。

第一份文献是一份呼吁大规模静坐的请愿书，请愿书上列举了六条诉求：

1. 释放所有的政治犯。
2. 取消联邦刑法典第 145 条。这条法律授权合法逮捕参加三人或三人以上规模聚会的人，这种聚会被当作对公共安全的威胁。
3. 解除暴力警察武装。

第八章
1968年：全球视野

4. 罢免官员 Luis Cueto、Raul Mendiolea 和 A. Frías。

5. 给冲突开始阶段有成员受伤和死亡的家庭支付赔偿。

6. 追究与杀戮事件相关的个别政府官员的责任。

第二份文献是被关入监狱的抗议代表的证词：

那天我们计划静坐示威，有人建议请一位法律系人士来解释一下为什么第145条是非法并且违宪的。既然我是法学院的出席代表，他们便请我发言。那天，法学院的所有代表组成了一个学习第145条法令的委员会，包括我和其他五名同志。我们愚蠢至极，竟然相信政府会和我们对话。暴力警察一边用木棒和警棍打我们的头，一边不断朝我们吼："去啊，让你们去对话！去啊，让你们去对话！"我们原以为是一场关于法律专业的讨论，没想到却是警察指责我们违法并反民主的当头棒打，对话也变成了一方的独白。等着我们的是 16 年的囚禁和 1,987,387 比索的罚款。

第三份文献是墨西哥政府的公告：

我们认为双方早已进行了对话。在年会上，共和国总统详尽答复了所谓国民罢工委员会这一组织起草的六点诉求，以及其他具有根本利益和重要性的议题。很显然，我们面临的关键问题是要重新调整墨西哥的高等教育。

我们通过墨西哥最高法庭非常庄严地下达了总统的意见，下达到每一个听众。不只是出席年会的人听到了总统的年度报告，我们也通过广播电视广为传播，并且还印刷在国家新闻报纸上。

这就是总统如何参与这场对话、回应每一个请愿诉求的经过。

选择哥伦比亚大学抗议的小组阅读了两份文献，一份是哥伦比亚大学抗议委员会的文件，一份是当时的美国副总统安格纽发表的声明。而我们小组只读了一份文献，《捷克中央委员会行动计划，1968年4月》，选自《布拉格之春1968：国家安全档案文件读本》(*The Prague Spring 1968: A National Security Archive Documents Reader*)。

布切里先生作为法国五月风暴小组的代表发言。法国五月风暴有两份资料，一份是《致全体工人》，一份是戴高乐对全国人民的电视讲话。

四个案例分析完，布切里先生让我们综合以上案例，进一步思考它们在个人权利发展运动中扮演了什么角色，它们对于20世纪60年代以及之后的代际冲突有什么影响。

四、如何评价1968年？

在研究1968年四个抗议案例之后，周四，布切里先生引导我们探索一个历史议题：如何评价1968年？

他发下两份文献，让我们读作者对于1968年诸多事件的评价。一份是马克·科兰斯基（Mark Kurlansky）写的《1968：撞击世界之年》的节录，另一份是德格鲁特（Gerard De Groot）《诠释60年代：失序十年间激动人心的历史》的节录。

第八章
1968年：全球视野

《1968：撞击世界之年》（节录）

在1968年年底，很多人都觉得疲倦、愤怒，他们在期待一个新的故事，故事不再有深不可测的消极。与此同时，国家航空航天局（NASA）提供了这样一个故事。仅仅是七年前，那时美国看上去依然年轻，政治暗杀似乎都是发生在那些贫穷的、不稳定的国家，那些即将去战斗、誓死保卫越南的人还是在学校上学的孩子，肯尼迪总统承诺这个世纪最后的十年人类将登上月球。

新60年代人无比激动，学校教室里的收音机广播充斥着早期太空图景的报道，与15世纪相比，人们有种生活在一个新探索时代的感觉。但很快，人们对莫名其妙的太空探索的热情消失了，关注点开始转变。年轻人不再打算去月球，他们想去越南。偶尔，报刊会报道NASA的预算被削减，钱被转移到越南战争的消息。肯尼迪说得没错，登陆月球的花费巨大。从1958年10月1日NASA成立，到1968年10月1日的十年时间，太空计划花费了440亿美元。

12月18日，在第一颗卫星传播了艾森豪威尔的问候之后的十年，国际通信卫星3号发射了，它是一系列国际卫星之一，这些卫星可以将现场转播到全世界。

就在1968年即将结束时，这个关于未来的令人兴奋的消息，瞬间让种族主义、贫穷、越南战争、中东、比夫拉等问题统统出局。人们的感觉和宇航员迈克尔·科林斯（Michael Collins）第二年夏天的感觉一样，他围绕月球行走，他的队友登陆了月球，如果这世上的政治领导人能够远距离地从十万英里外看到他们的星球，眼界将会发生根本性转变。最重要的边界会消失，吵闹的讨论会立刻沉寂下来。小小的地球持续运转，宁静得让人忽略它的外表，展现着统一、理解、和平。地球显示为蓝色和白色，不是显示为资本主义或共产主义，不是显示为富裕或贫穷。蓝色与白色，不是羡慕与被羡慕的。因此这一年如但丁的旅行者那样结束了，这位旅行者从地狱爬出，仰望天穹。

"为了从那里重新回到闪耀的世界，我和我的向导进入了那隐藏的洞穴：沿着它的路径，我们丝毫不在意需要休息，我们不断攀登，他在前，我在后——直到我透过一个圆孔看到了一些天堂承载的美景，但我们爬出洞穴，我们在此看到群星。"——但丁《神曲·地狱篇》

《诠释60年代：失序十年间激动人心的历史》（节录）

音乐是伟大的，迷幻药是多姿的，梦想是卓越的，很不幸这一切都不够。反主流文化起源于一个假设，这个假设是：改变世界要从改变自己开始。然而，一个人的变形记并不像焚一根香那么容易。任何时候，人的灵魂都无法机械化。在60年代，幻想的世界建立在人们对真实世界是如何运行的仅有的薄弱理解上。结果就是，他们有着和埃舍尔（M. C. Escher）画作（注：这位画家以创作不可能形状的幻觉版画而闻名）相同的逻辑。因此，无可置疑地，"现实真糟糕"成为70年代最受欢迎的表达方式。正如约翰·列侬曾经说过的，仅仅想象是不够的。似乎你

第八章
1968年：全球视野

所需要的一切皆为虚无。威廉·麦吉尔写道："对过度紧张的18岁少年解释这个世界会粉碎天真的理想主义是十分重要的。"威廉·麦吉尔是加州大学圣地亚哥分校的校长，他目睹了一个学生为了反对越战而自焚。尽管麦吉尔承认在引导年轻人脱离他们对简单乌托邦的寻求这一点上他没有丝毫的成功，但他也仍然相信："在他们的运动中也有些不可否认的美好。"

信仰的力量，赞同者的狂热，以及反对者同样的狂热，都阻碍着对这个十年理性的评估。对于那些忠实的信仰者而言，这是一个充满希望和应许的时代，是我们所有人的一个榜样。因此，信仰者小心地养育着那个时代的每一个精神的余烬，希望它有毅力突然有一天复燃。

另一方面，60年代被当作一个道德的故事，当作一个典型案例来说明当自由被允许胡乱使用时会发生什么，或者当作随手可以牵过来的"替罪羊"，用来为之后岁月中出现的罪恶承担罪责。

和这个十年相关的书籍和纪录片很少提到比夫拉、雅加达、柯特富拉德、通讯卫星或者六日战争。换而言之，这个十年宛若气球在空中飘，和我们这个时代的连接被剪断了。那些惋惜今日社会背叛了60年代精神的人其实是在强调那个十年对我们现在不产生影响力，那个十年只是被当成了墨守成规的50年代和自我放纵的70年代间的一个愉快插曲。然而这种看法无疑否定了历史的延续性——每个事件都是从先于它的事件发展而来的。60年代是重要的，但这种重要性不同于那些"神话"的崇拜者（或批评者）的认定。如果对于今日的我们，60年代看上去很奇怪，那么很可能是因为我们用了错误的方式去看待它……60年代的神话不断延续，在一定程度上，这一现象如果不是说明我们这个世界的现实性，那就说明了我们精神的顺应力。这个十年带来了鲜花、音乐、爱和美好时光，也带来了仇恨、谋杀、贪婪、毒品、不必要的死亡、种族清洗、新殖民主义剥削、新闻政治、哗众取宠、扭曲的平等观、自由主义的衰微和天真无邪的终结。将以上这些记在我们心中，这个时代看上去就不会既不陌生也不那么特别。

读完两份文献，我们的任务是找出两篇文章的中心论点和论据，而后讨论："你觉得哪一方的观点更加合理，更能代表1968年的时代精神？为什么？"

讨论结束后，布切里先生让我们结合这两份文献，回头再阅读一下周一的资料——60年代的六首歌词、周二的资料——《休伦港宣言》、周三的资料——1968年的四个抗议运动，然后讨论：为什么1968年会发生全球性的抗议运动？在之后发生了什么重要的政治、社会、文化的改变吗？如何评价1968年？

用一周来研究一个年份，布切里先生的1968年课堂让我耳目一新。"一个年代的全球史"对我来说实在是一个"全球视野"的启蒙。

下篇

历史项目研究

第九章

历史项目：探索性学习

到美国之前，我读过一篇关于美国小学生作业的文章，印象十分深刻：

> 十岁的孩子被送进了美国学校，上英文课，老师布置的作业是写论文，题目居然大得冲天：《我怎么看人类文化》；上历史课，老师让孩子扮演总统顾问，给国家决策当高参；上物理课，作业竟然是一个市政研究项目：城市照明系统的布局；而道德教育，居然是让孩子们从爱护小动物开始。
>
> ……
>
> 美国小学给十岁的儿子留的作业是写一篇论文，题目吓我一跳：《中国的昨天和今天》。学习"二战"史，美国老师竟然让十岁的孩子回答这样的问题：如果你是杜鲁门总统的高级顾问，你将对美国投放原子弹持什么意见？种种不可思议的事情，种种躲闪不开的冲突与思考，使我由此遭遇美国教育。

"做不同的项目，进行探索性学习"是我到美国之前对美式教育的一个重要认知。而这一认知在布切里先生的历史课堂被充分论证。

布切里先生世界历史课的成绩指标有四项：(1) 平时的课堂作业和家庭作业；(2) 考试和小测验（题目不多，基本是选择题）；(3) 积极参与班级项目讨论；(4) 完成写作。关系到最后成绩的第三点和第四点都是和历史项目相关的。

布切里先生要求我们像历史学家一样阅读，也希望我们能像历史学家一样写作。除了课堂引导我们阅读多方文献讨论历史议题，他还引导我们自主查阅多方文献，提出自己的历史问题，探究历史，解读历史。

一、章节项目

布切里先生教完一些重要章节或内容后，会设计一些历史项目。要想在历史课上取得好成绩就必须认真完成这些项目，即完成写作任务。写作任务不一定必须是历史论文写作，我们可以选择短文写作，也可以画漫画或做PPT。

有时候写作项目会在课堂时间进行。比如"冷战时期的拉美"，在探讨了美国对危地马拉、古巴、智利等国是主动干涉还是被动卷入之后，周四的课堂就是完成写作项目。但大部分写作项目都要用课外时间完成，比如"新帝国主义"一章结束后的项目。

"新帝国主义"章节项目

选项1：阐述式短文

第一段：解释新帝国主义时代是什么，发生在什么时间，用

第九章
历史项目：探索性学习

自己的定义来解释新帝国主义的内涵。

第二段：解释你认为的导致帝国主义时代的主要驱动力和原因。

第三段：解释帝国主义的结果。选择一个特别的殖民地国家例子。

第四段：解释殖民地人民反抗帝国主义的不同方式。

第五段：总结全文，你认为新帝国主义时代的历史意义是什么？

选项2：帝国主义时代政治卡通

你是否记得所有我们在"画廊行走活动"中仔细考察过的政治漫画？你是否记得我们课堂上预热环节之后的"图片侦查"中分析过的政治漫画？你的工作是运用你的艺术能力和创造力来绘制一幅你自己的"帝国主义"政治卡通。

你必须弄清楚你对帝国主义的感觉是什么？你如何把这种感觉视觉化？你会使用哪些适当的、有创造力的象征符号来表达你对帝国主义的看法？

你的卡通必须是彩色的，你的艺术能力不会给你加分，但你的"想法"（idea）和你的努力会。

选项3：被殖民国家研究PPT

上周你已经研究过一个国家（或者你也可以选择一个新国家），你继续做更多研究的目的是创建一个PPT（或keynote、Prez、google drive），展示这个国家被殖民的历史。

幻灯片1：封面：需要写上你所选的国家以及你自己的名字。

幻灯片2：地图页：提供优秀的个人解说。

幻灯片3：大W：谁（Who）殖民了"你的"国家？在什么时间（When）？出于什么原因（Why）？

幻灯片4：对帝国主义的反抗：举一些"你的"国家反抗帝国主义的例子。

二、期末考试项目

整本世界史教材的最后一章是"历史对今天的作用以及全球性问题"。在引导我们探讨了全球问题之后，布切里先生给我们布置了期末项目：对一个国家最近的历史和其面临的挑战进行详细的分析和介绍。

当代全球问题项目

项目目标：

你们需要创建一个项目展示，展示内容聚焦于一个特定国家最近的历史以及今日所面临的问题和挑战。这个项目展示可以用展板的形式，也可以通过PPT、keynote和网页等各种形式呈现。

部分可选国家在课本上的资料：

印度尼西亚（第424—426页）

巴基斯坦（第427—429页）

第九章
历史项目:探索性学习

坦桑尼亚(第 430-431 页)

墨西哥(第 432-433 页)

波兰(第 435-437 页)

埃及(第 446-447 页)

全球问题的示例:

人口变化以及自然资源的破坏

管理自然资源

人类对环境的影响

全球经济的交互作用

冲突、合作与安全

种族屠杀

项目要求:

1. 你的项目需要一个标题而不只是一个国家的名字。(5分)

2. 至少用两段内容解释 20 世纪和 21 世纪重要事件如何影响了该国的发展。(25分)

3. 至少用两段内容将你选取的国家的现状与它面临的重要的全球挑战联系起来。(25分)

4. 参考文献/引用文献页要列举四项你用于研究的资源,其中两项必须是关于最近事件的文章。(10分)

5. 提供一份信息地图,要显示你所选的国家以及这个国家所在区域的一些重要信息。(7分)

6. 使用图片来展示这个国家重要的特征、历史或文化。

（10分）

  7. 提供你所展示国家的其他有关联的、有趣的信息。（5分）

  8. 必须认真完成项目。（20分）

这个项目对于高中生是不是要求太高了？拿到项目要求时我产生了这样的想法。不过大部分同学完成得相当好，有不少同学抱着展板来交作业，展板上贴了不少 A4 纸，有文有图，还贴了很多简报。我选择了 Word 文档，选择的国家是日本，题目是《日本从战后到平成》（Japan During Postwar and Heise），集中探讨日本的人口与经济问题。

我觉得对于母语不是英语的学生来说，要想在项目上表现出色是最具有挑战性的。尽管我世界历史最终等级是 A，但这次期末项目只得了 B。晒一晒我这次项目的得分吧：（92/110）B，4+25+25+10+7+1+2+18。

三、"历史学家小组"展示项目：个人项目和团队合作项目

布切里先生在 Edmodo.com 上有个账号，他会在上面张贴他的作业，也会上传一些文献和视频来加深学生对课程的学习和理解，通过网站，学生也可以发送问题，布切里先生会在线解答。布切里先生不只是教世界历史的普通课程、荣誉课程，也教大学先修课程（AP 课程）。不同程度的课程有不同数量和不同难度的历史项目。[①] 他鼓励同

[①] 在美国公立高中，一门学科会开设三种不同级别的课程：普通课程、荣誉课程以及大学先修课程（AP 课程）。学生可以根据自己能够挑战的学科难度进行选择。比如不太擅长代数的可以选择代数普通课程，擅长代数的可以选择荣誉课程或者 AP 课程。

第九章
历史项目:探索性学习

学们有空可以看看荣誉课程班的作业和 AP 世界历史班的课程资料。

通过 Edmodo.com，我看了布切里先生的 AP 班作业和视频文献，AP 班阅读的文献范围和数量远远超过普通课，没有良好的英文阅读和写作水平实在不可能选读。

AP 课程班的学生每周都要写作自己的"ABCbook"。ABCbook 真称得上是美国经典项目。

我在美国认识一个五年级的小朋友，他就曾经做过 ABCbook。他的项目是制作 ABCbook 介绍一个国家，他选择的国家是中国。完成项目的第一步是选出 A—Z 首字母的单词，这个单词需要体现中国特色，比如，A 可选 Agriculture（农业），B 可选 Bamboo（竹子），C 可选 china（瓷器），P 可选 Panda（熊猫）等。第二步在每个字母下配图配文进行说明，最后从 A 到 Z 制作装订成书（ABCbook 可以制作成纸书也可以制作成电子书）。

"世界历史 ABCbook"要求 AP 班的学生从每章选择一个单词，对于自己选择的每个单词必须解释它是什么，它的历史重要性是什么，并附上有关图片。我觉得这个项目难度很大。首先选首字母单词对我而言就"难于上青天"，果然 Edmodo.com 里面学生们探讨最多的是 A—Z 该选什么首字母词汇，甚至有学生希望布切里先生给些提示。

AP 课程班的学生不仅要完成自己的"世界历史 ABCbook"的写作与制作，还要和同学合作完成每周合作项目。AP 课程班的学生分成了几个"历史学家小组"，每个单元他们都要合作完成 Presentation 项目在课堂进行展示。展示的形式可以是 PPT，也可以是展板（Poster）。

可见历史课不只是训练批判性思维，还能通过小组合作训练团队精神。无论是 PPT 或是 Poster，布切里先生都会注明小组有哪些角

色,每个角色的具体任务是什么。例如:

历史学家小组展示项目(第四单元)

项目概述:

在这个项目中你们小组需要创建一个简要的PPT,内容是"欧洲的变化"。你们要在课堂展示PPT。另外每个同学要从本章的重要信息中得到启发制作自己的ABCbook。

小组角色:

PPT的设计者们:负责制作PPT。

PPT的发言人:向全班讲解PPT。

PPT的内容研究者们:负责确定PPT要展示的内容,需要研究教材内容、我们自己的内容,以及其他内容。其他内容可以通过互联网查找。

PPT项目总监:负责小组协同工作,项目总监需要设立时间进度表并根据时间进度表核查小组PPT进展。

PPT要求:至少要用3~5页PPT向班级同学来展示这一主题的重要特征,必须注重视觉资料,每页PPT都要用视觉资料配合文字。

PPT的可选主题:

新教改革和天主教改革

第九章
历史项目:探索性学习

  捕杀女巫与宗教战争

  君主专制政体

  西班牙宗教裁判所

  英国内战和光荣革命

  科学革命

  启蒙运动

  通过布切里先生的课堂,我和同学们讨论了很多历史议题,而通过他布置的各种历史项目,我们学会了自主探索历史议题,提出自己的历史问题,并评估论证这些问题。就像热爱布切里先生的课堂讨论一样,我们都兴致勃勃地完成了他布置的历史项目,甚至我们会在他布置的历史项目之外自选一些项目与同学一同研究,在周五的自由时间与他一起探讨。

第十章

人物研究：为什么曼德拉被广泛纪念？

豪利沙沙·曼德拉哟

自由已在您手中

给我们指出一条自由的路吧

在这片非洲的大地上

啊曼德拉哟

曼德拉说现在自由啦

走我们自己的路吧

我们会自由的

在这非洲大地上

——歌曲《豪利沙沙·曼德拉》

纳尔逊·曼德拉1918年生于南非特兰斯凯一个大酋长家庭，曾任南非非洲人国民大会（以下简称非国大）青年联盟全国书记、主席，南非非国大执委，德兰士瓦省主席，全国副主席。他成功地组织领导了"蔑视不公正法令运动"。1962年8月，曼德拉被捕入狱，在经过长达27年的铁窗生涯后，于1990年被无条件释放。1994—1999年，曼德拉任南非总统。他是南非首位黑人总统，被尊称为"南

第十章
人物研究:为什么曼德拉被广泛纪念?

非国父"。

2013年纳尔逊·曼德拉去世,洛杉矶的社区图书馆和超市里到处能看到曼德拉的画像,洛杉矶处处纪念曼德拉的时候,我们的课程也讲到曼德拉。在布切里先生的"曼德拉"课上,我发现很多同学对曼德拉十分敬仰,不少同学看过他的自传《漫漫自由路》,曼德拉、甘地和马丁·路德·金是他们心中的英雄。这节课,布切里先生给我们布置的课后写作任务是:为什么曼德拉被广泛纪念?

一开始我觉得这个题目很容易,只要罗列一下曼德拉的丰功伟绩就行了,但布切里先生说这是一篇历史论文,学生需要在阅读多方文献的基础上学会提出自己的问题,学会自己去探索、评价曼德拉这位历史人物。

我听懂了布切里先生的要求,他希望我们学会评价历史人物。

那么为什么曼德拉被广泛纪念?我开始了自己的考察。

一、美国教材中的曼德拉

美国历史教科书封面上印着曼德拉的照片,教科书中"历史中的人物"这个栏目对纳尔逊·曼德拉也进行了简单介绍。

> 纳尔逊·曼德拉是南非第一位黑人总统,他被训练成滕布族的统治者,之后接受了西式教育。1952年,曼德拉成为非洲国民大会的领导人之一,开始,非洲国民大会提倡消极抵抗,随即发起了一些暴力活动,导致曼德拉被捕入狱。
>
> 监狱生涯中,曼德拉的声誉在非洲和全世界不断壮大。最后

南非政府同意释放曼德拉并进行自由选举。1994年，曼德拉成为总统。

书中第十五章"非洲和中东（1945— ）"涉及了曼德拉。这章的第一节是"非洲独立"，有四个段落："走向独立""新国家""新希望"和"现代非洲的社会与文化"。在"走向独立"这个段落中，和曼德拉有关的内容不多。

南非被少数白人统治阶级所统治，这些白人在南非已定居数百年。像南非这样的国家在非洲并不多见。1912年南非黑人组建非洲国民大会，开始有组织地反抗白人统治。他们的活动起初获得了一些成功。但事实上，白人统治阶级进行了更多的镇压。因为那些南非白人——17世纪和18世纪定居者的后代，决定维护白人对南非的统治。20世纪50年代，他们强行通过了分离白人和黑人的法案。这个法案是一个系统的种族隔离工程，被称为"apartheid"（当地语言的"隔离"之意）。尽管黑人立场鲜明地反对种族隔离法案，可是白人政府强烈镇压这些反抗。1960年，警察向在沙佩维尔和平游行的居民开火，造成69人死亡，其中三分之二的人致命伤在后背。1962年白人政府逮捕了非洲国民大会的领导人曼德拉，非洲国民大会呼吁非洲人武装抗争。

而"新希望"这一段主要围绕曼德拉展开。

南非民主运动的结果特别具有戏剧性。1994年，纳尔逊·曼

第十章
人物研究：为什么曼德拉被广泛纪念？

德拉——这位在监狱度过将近 30 年岁月的人，被选为了南非共和国的总统。

1962 年曼德拉因为他在非洲国民大会的行动被捕，并宣判终身监禁，之后的 27 年他在一座安全级别最高的监狱中度过，这座监狱位于南非海岸的一座小岛上。

1985 年 1 月，南非总统给曼德拉提供自由，但需要曼德拉接受一定的条件。那时曼德拉 67 岁，在监狱已经待了 23 年。曼德拉拒绝接受带有条件的自由："只有自由的人才能谈判，身陷牢笼的人没有谈判的资格。你们的自由和我的自由是不可分割的。"

在这期间，诺贝尔和平奖获得者（1984）主教德斯蒙德·图图和其他人都致力于释放曼德拉以及废除南非种族隔离政策。经济制裁的国际压力导致南非进行改革，种族隔离政策在逐步解除。1990 年，曼德拉终于被释放。

1993 年，总统 F. W. 德克勒克同意举行全民民主选举，在南非历史上这是首次全民民主选举总统，1994 年曼德拉成为南非第一个黑人总统。在总统就职演讲中，曼德拉表明了他对团结和睦的希望："我们立下誓约，要建立一个让所有南非人，不论是黑人还是白人，都可以昂首阔步的社会。他们心中不再有恐惧，他们可以肯定自己拥有不可剥夺的人类尊严——这是一个在国内及与其他各国之间都保持和平的美好国度。"

美国教科书的附录中有"一手资料图书馆"，其中就有纳尔逊·曼德拉 1964 年庭审演讲的节录，这次庭审后他被宣判终身监禁。

当（南非）白人们享受着达到世界最高水准的生活时，南非的黑人却生活在贫穷和不幸之中，40%的黑人生活在没有希望、过度拥挤、容易干旱的隔离区。那里水土流失严重，土地过度耕种，根本没法供养这些人。30%的黑人是白人农场里的劳工和雇工。另外的30%生活在城市里，他们的经济和社会习惯使他们的生活接近白人的生活标准。但在约翰内斯堡46%的黑人家庭无法挣到足以维持家庭生存的钱，非洲人的抱怨不仅仅是因为他们比白人穷，而是白人制定了法律来维持这一现状。我已经把自己献给了非洲人民的解放事业。我为反对白人统治进行了斗争，我也为反对黑人统治进行了斗争。我怀有一个建立民主和自由社会的美好理想。但是我的主啊，如果需要，我愿意为我的理想而死。

二、为什么是曼德拉而不是德克勒克？

教科书上写着："南非民主运动的结果特别有戏剧性。1994年，纳尔逊·曼德拉——这位在监狱度过将近30年岁月的人，被选为了南非共和国的总统。"为什么是曼德拉而不是废除种族隔离的白人德克勒克被选为总统？

从历史事实而言，曼德拉不是终结种族隔离的第一大功臣，在狱中的27年曼德拉并没有直接领导非洲国民大会，废除种族隔离的是白人总统德克勒克而不是曼德拉。是德克勒克不顾议会内"右翼"集团的反对，宣布释放入狱27年的曼德拉及其他政治犯。1991年，德克勒克又宣布废除《土地法》《集团住区法》等名目繁多的种族隔离法律，南非种族主义统治的法律支柱随之坍塌。1993年，南非议会

第十章
人物研究：为什么曼德拉被广泛纪念？

以压倒性优势通过新宪法，将原本属于白人的权利扩大至全体南非公民，标志着白人垄断南非立法机构的历史终结。尽管同年，曼德拉和时任南非总统的德克勒克分享了诺贝尔和平奖，但德克勒克并没有被广泛纪念，被广泛纪念的是曼德拉。这是为什么？

我仔细思考着这一问题，突然想到一个词："肤色政治"。日俄战争结束后，曾经有中国人为日本人欢呼，仅仅因为日本人是亚洲人，日本击败俄罗斯的举动证明了亚洲人有击败欧洲人的实力。而在"二战"期间，日本利用亚洲人的这个心理，提出了一个叫作"大东亚共荣圈"的政策试图赢得亚洲人民的支持。

曼德拉的肤色使他赢得了黑人选民的支持。众所周知，数百年来，黑人受到了白人不平等的对待，他们希望有自己人能够领导他们，反抗白人的暴政。

曼德拉是整个黑人世界的英雄。在非洲，黑人反抗白人的殖民统治也是"二战"之后的一个趋势，20世纪60年代正是非洲国家纷纷独立的时代，仅1960年这一年便有17个非洲国家独立。在美国，黑人是第三大少数族裔，美国的黑白冲突一直是整个国家最为严重的种族冲突，与巴西的包容政策不同，即使是黑人奴隶获得自由之后，美国白人对黑人也采取了种族隔离的政策。1962年当曼德拉被投入罗本岛监狱时，也正是美国黑人民权运动风起云涌的时候。1963年马丁·路德·金发表了《我有一个梦想》，美国民权运动走向最高峰。

在这种黑白之争的全球背景之下，曼德拉被捕入狱引发了南非乃至全世界一系列要求释放曼德拉的游行示威，使得全世界认识了曼德拉。曼德拉获得了全球的声誉和超过100项的奖项，其中包括1993年的诺贝尔和平奖。2009年11月，联合国大会为了表彰曼德拉为和平与自由做出的贡献，决定从2010年起将每年7月18日定为纳尔逊·曼德拉国际日。

所有提到曼德拉为何值得纪念的文章必然提到曼德拉在监狱里被囚的27年。尽管曼德拉说"在狱中有件事深深困扰我，我不经意向世界展示了一个错误形象，被人当成是圣人"，可正是这27年时间使他从黑人世界的英雄变成了全球"自由、平等、人权"的象征。

我在我的作业纸上写道："曼德拉之所以被纪念是因为他的肤色、他的全球声誉和他的象征意义，其中最重要的是象征意义。"

三、曼德拉象征了什么？

谁能忽视象征的力量呢？

2014年的诺贝尔和平奖得主马拉拉也是一样，她并非一个能改变巴基斯坦、阿富汗塔利班走向的人物，但她却是欧洲人心目中的和平主义者，一个反抗塔利班的象征。

那么曼德拉象征了什么？象征与真相是什么关系？

在课堂上，很多同学将曼德拉与甘地和马丁·路德·金并提，把他看作"非暴力不合作"的英雄，"圣雄甘地第二"。

神学家约翰·希克说："在耶稣的那些妇孺皆知但事实上被轻视的话中，他要求我们爱仇敌，别人打你这边的脸，连那边的脸也由他打。这样的回应拒绝陷入相互歧视、仇恨和暴力的恶性循环之中。历史的教训不是说这已被试过而且失败了，而是失败在于不去试它。我们已多次瞥见付诸实践的非暴力，从中可认识

第十章
人物研究：为什么曼德拉被广泛纪念？

到它的力量。我们已在马丁·路德·金的工作中看到它，也在新南非由纳尔逊·曼德拉发起的和解精神中看到，也已在许多地方性行动中看到。"甘地指出："一些愚蠢的印度人热衷于扔炸弹，但是如果在印度的所有英国人被杀死了，杀人者就会成为印度的统治者，印度不过是更换了主人。当英国人离开后，扔向英国人的炸弹就会对准印度人。"马丁·路德·金说："有人向我介绍甘地的生平与教导。当我读他的著作时，被他所倡导的非暴力原则运动深深吸引。甘地所主张的'爱之真理的力量'意义深远。我愈深入甘地的哲学，我对于爱的力量的怀疑也愈消失。通过甘地非暴力原则的方法与运作，我首次了解，基督教爱的教义是受压迫人民争取自由最有效的武器。"①

曼德拉被赋予了"非暴力不合作"的象征意义，但实际情况是什么呢？

尽管曼德拉的大量对外演讲都说明他似乎想通过非暴力手段来帮助南非的发展，那些演讲也十分有名，他说的话也十分有鼓动力，这一切似乎都"证明"了曼德拉是一位主张非暴力，用爱取代恨的英雄，但曼德拉不是因为"非暴力不抵抗"被囚禁的，曼德拉入狱是因为"暴力抗争"。

南非的种族隔离制度历史悠久。1948年以马兰为首的国民党政府上台后种族隔离开始"法制化"，1950年的《人口登记法》给每一个公民都贴上了标签——白人、有色人、亚裔人、华人或黑人，规定

---

① 王晓纯、吴晚云主编《大学生GE阅读》（第6辑），中国传媒大学出版社，2011，第142页。

非白人在其所属的隔离区之外居住或工作都是非法的。接着，南非当局颁布了《集团住区法》和《公共场所隔离保留法》，规定城市中一个住区只能居住一种民族，白人得到了主要的居住区和商业区，350万非白人失去了原来的家园和事业。各公共场所实行种族隔离制度，包括交通、教育、娱乐设施、生活服务设施，甚至公共厕所。再接着，南非当局颁布了《通行证法》，规定黑人在各隔离区之间通行必须出示通行证。对黑人自由最严重的限制是1956年的选举法，黑人和有色人种被剥夺了投票权。为了使隔离制度永久化，1959年起南非当局实施了"黑人家园计划"，强行把黑人按部族划分为十个"独立国家"。"黑人家园"的面积仅占南非国土的12.7%，但全国绝大部分黑人都被集中在这儿，他们被剥夺了南非国籍和受南非法律保护的权利。

1961年，一个新的黑人组织"民族之矛"的成立成为南非新闻媒体的头条。他们在成立宣言中发誓，不惜任何代价争取全南非人民的平等和正义。1961年12月16日是南非的公共假日，他们发动了大规模的行动破坏政府设施来纪念1838年纳塔尔省的"血河战役"（在这场战役中，白人居民布尔人击败了非洲原住民祖鲁人）。"民族之矛"的创始人和总司令是纳尔逊·曼德拉。"我是'民族之矛'的创始人之一。在1962年被捕之前，我在其中起了重要作用……无论如何，我不否认我策划了破坏活动。我这样做不是出于妄动，也不是由于我喜欢采取暴力。我制订破坏活动计划，是经过对政治形势的冷静而严肃的估计。这种形势产生于白人对我的人民多年的暴政、剥削和压迫。"

曼德拉在他的自传中写道："我们一次又一次使用我们武器库内

第十章
人物研究：为什么曼德拉被广泛纪念？

所有的非暴力武器，例如演讲、派代表团、威胁、游行、罢工、自愿坐牢，这些武器都没有效果，因为都遭到铁拳的打击。压迫者确定斗争的性质，被压迫者常常没有别的选择，只能去揭露压迫者。也就是说，发展到一定时刻，只能以火救火。"

曼德拉说过，他不是甘地的信徒。印度有三个领袖：静坐的甘地、暴力的尼赫鲁和代表"不可接触者"的安培多伽尔。没有后两者就没有甘地的成功。

让我们设想一下，如果曼德拉没有入狱，会像甘地那样倡导非暴力不合作吗？曼德拉在被囚禁之时他的第一任妻子温妮·曼德拉甚至成立了一个恐怖主义黑帮，叫作曼德拉俱乐部。

曼德拉从不讳言非暴力主义不是他的信仰。他一再强调："不能把非暴力看作一种神圣不可违背的原则，而应当把它看作一种根据形势需要而使用的战略战术。"换而言之，曼德拉并不信奉非暴力不合作，他只是认为在当时的形势之下，使用非暴力不合作可以给南非黑人运动带来最多的利益。

1985年，南非总统博塔向曼德拉提出条件，只要曼德拉公开宣布放弃武装抵抗推翻政权，那么就可以让他立即出狱，曼德拉拒绝了，这一年，他67岁，入狱23年。我想对于全球黑人而言，这次拒绝实在是一个"黑人英雄坚持抗争"的象征。

当曼德拉同意与南非白人政权谈判后，获得了"圣雄甘地第二"的称号，对此，曼德拉一方面表示高度尊崇圣雄甘地，另一方面却委婉而又意味深长地反驳："尼赫鲁才是我心目中真正的英雄。"

不管曼德拉如何反驳，他都成了宽容、和解的象征。因此，在一定程度上说，人民纪念的并不是曼德拉这个人，而是他象征的精神。

对于反抗种族歧视、热爱自由平等的人，曼德拉27年的囚禁让他成为一个象征，象征着"为自由平等而抗争"；而曼德拉出狱后选择宽容与和解，又使曼德拉"对话、宽容、和解的世界精神和道德形象"闪耀在全世界。

1990年2月11日，在被囚禁27年后，曼德拉走出监狱大门。当外界担心一场"复仇"不可避免时，曼德拉选择了宽容与和解："当我走出囚室、迈出通往自由的监狱大门时，我已经清楚，自己若不能把悲痛与怨恨留在身后，那么我其实仍在狱中。"他告诉一些激进的黑人组织：现在不是要把白人赶入大海，而是把你们的武器扔进大海。曼德拉写道："我从不是（圣人），而是一名不断努力的罪人……在那漫长而孤独的（被囚）岁月中，我对自己的人民获得自由的渴望变成了一种对所有人，包括白人和黑人，都获得自由的渴望……压迫者和被压迫者一样需要获得解放。夺走别人自由的人是仇恨的囚徒，他被偏见和短视的铁栅囚禁着。"

曼德拉在总统就职仪式上的致辞，在介绍完各国政要之后，他说虽然他深感荣幸能接待这么多尊贵的客人，但他最高兴的是当初他被关在罗本岛监狱时，看守他的三名前狱方人员也能到场。他邀请他们站起身，以便能把他们介绍给大家。在场所有来宾乃至整个世界都安静下来了。

曼德拉成为总统后，面临的第一件大事就是处理种族隔离时期众多的严重侵犯人权案。如果严厉清算白人官吏、军警犯下的罪行，500万白人必定会强烈反弹，他们一直对黑人获得政权后自身的处境

第十章
人物研究：为什么曼德拉被广泛纪念？

非常担忧；然而如果一笔带过，根本不对这段历史进行清理与反思，数千万黑人则很难接受。在图图大主教和白人执政时议会中反对派议员伯莱恩的努力下，南非创造了因人而异、因罪而异的大赦方式，成立了"真相与和解委员会"。1995年，南非议会通过《促进全国团结与和解法案》。大赦的前提是必须弄清真相，责任人必须公开承认罪行并表示忏悔。

以上的一切树立了曼德拉宽容、和解的象征地位，2009年11月，联合国大会决定从2010年起将每年7月18日定为纳尔逊·曼德拉国际日，这也正是因为曼德拉具有重要的象征意义。

加拿大学者丁果在《曼德拉为何能成为世界领袖典范》中指出：

> 在冷战的时代，两军对垒，两个阵营对垒，当然不会出现全球公认的世界领袖。但是冷战结束后，全球化全面展开，你中有我，我中有你，在20年中同样没有出现全球公认的政治领袖。唯有曼德拉，超越了冷战的惯性，超越了历史的恩怨，跨过了东西南北对立的鸿沟，赢得了全球的尊重，确立了30年来唯一一个世界领袖的道德公义形象，名副其实地成为"第三种模式"，值得世界仿效。①

曼德拉"确立了30年来唯一一个世界领袖的道德公义形象"。尽管从历史事实而言，曼德拉统治下的南非共和国并不像外界想象的那

---

① ［加］丁果：《切问与近思：当代公共知识人访谈录》，世界知识出版社，2012，第305~306页。

样和谐美好。废除种族隔离之后，南非的诸多地区依旧有严重的种族冲突，由于经济等原因和害怕黑人报复，南非白人人口比例从14.2%下降到9%。曾经获得诺贝尔文学奖的小说《耻》就是描写南非在种族隔离废除之后的种族冲突的。

曼德拉推行的《振兴黑人经济法案》等优待黑人的政策更在一定程度上加深了种族隔阂（黑人在南非是主体民族，另外有9%的白人和10%的亚裔）。根据南非农场主协会公布的数字，从1994年到2010年，共有3000多名白人农场主遭谋杀。

可见，曼德拉成为总统之后的南非，种族隔阂依旧是大问题。在曼德拉卸任之后，这一问题更加明显。2012年南非"非国大"庆祝大会上南非总统祖玛高唱《射杀布尔人》就是一个例子。

曼德拉统治下的南非不仅仅有种族冲突的问题，还有艾滋病流行的问题。1991年南非孕妇的艾滋病率为1.7%，但在曼德拉统治时期疯狂增长，到曼德拉卸任的1999年已达到22.4%，在2010年达到了30.2%。如此高的孕妇艾滋病率大大缩短了南非的人均寿命。根据南非种族关系研究所在2009年的调查，南非黑人的预期寿命为48岁，白人为71岁（只有0.3%的南非白人是艾滋病患者），在南非政府绞尽脑汁地想提高黑人在南非的地位时，黑人却平均比白人少活23年之多！南非人口约占世界人口的0.7%，但艾滋病患者却占世界的17%。目前南非全国有艾滋病患者550万，每年死于艾滋病的人数都在30万以上，甚至曼德拉的孙子也死于艾滋病。

曼德拉统治下的南非还面临严重的失业问题，近四分之一的人口处于失业状态，失业率居高不下。非洲国家在21世纪显示了极高的经济增长速度，然而南非在曼德拉在任期间的经济增长率只有4%。

第十章
人物研究:为什么曼德拉被广泛纪念?

考虑到新的共和国成立之后西方国家就立刻解除了经济封锁,这个经济增长率只能说是微乎其微。因为在西方对南非进行经济制裁之前,南非的经济增长率高得惊人,GDP 占了非洲总 GDP 的四分之一以上。而现在南非的经济地位在非洲正逐步下降。

当我查看资料时,觉得曼德拉的"象征"与"现实"之间是有差距的。曼德拉本人说过:"人类谈及自己时会流于夸大,而我将留给历史学家和专家去夸大其词。"

《老师的谎言:美国历史教科书中的错误》第一章"被历史致残:英雄的塑造过程"指出:

> 英雄化是一个退化的过程(可以类比地质学上的石灰化过程),通过这一过程,我们的教育把有血有肉的人变成了虔诚的、完美的造物,他们没有矛盾,没有痛苦,也就没有了人情味,自然也失去了可信性。英雄化就是这样扭曲了凯勒和威尔逊(以及其他许多人)的生平,以至于我们不能如实地想象他们。

老师们抬高了海伦·凯勒的形象,他们用这位失明又失聪,但身残志坚的女孩的事迹激励一代又一代青少年学生。每个五年级学生都知道这样一幅画面:安妮·沙利文在一个水泵旁把"水"这个字拼写到海伦的掌上。迄今描写海伦生平事迹的电影和幻灯片已不下十部,每一部都在说着同样的陈词滥调。麦格劳·希尔出版公司发行的一部教育片最后总结说:"海伦·凯勒和安妮·沙利文带给整个世界的礼物就是不断地告诫我们,周围的世界是多么奇妙,有那么多人在教我们认识它;没有哪个人是不值得帮助或无法帮助的,一个人对我们的最大益处就在于帮助他人发挥其真正的潜能。"

历史学家和制片人从海伦·凯勒身上得出这样空泛的格言,而无视她的真正生平,并把她特意告诫我们要从她身上学习的那些东西扔到一旁。凯勒顽强地学习说话,但历史却让她再度无言。结果,我们其实对她知之甚少。

凯勒生于 1880 年,1904 年从拉德克利夫学院毕业,卒于 1968 年。忽略她 64 年的成年生活,或者只用一个"人道主义者"对它进行概括,那是以一种省略来说谎。①

我非常感谢布切里先生布置我们写"曼德拉为何被广泛纪念"的作业,借着这样的写作训练,曼德拉对我而言不再是一个英雄符号,留在我心中的不再只是他的英雄事迹。

四、为什么曼德拉成为美国英雄?

20 世纪 80 年代,美国政府将曼德拉和他领导的"非洲人国民大会(非国大)"列入恐怖分子和恐怖组织名单。尽管之后曼德拉领导反种族隔离斗争得到了全世界认可,并担任了南非总统,但曼德拉的名字一直留在美国的恐怖分子名单上,直至 2008 年总统布什签署一项法案将曼德拉及其他非洲民族会议(ANC)领导人从恐怖主义观察名单上除名。2013 年曼德拉去世,美国多任总统同时出席葬礼,"是

---

① [美]詹姆斯·洛温:《老师的谎言:美国历史教科书中的错误》,第 11~14 页。

第十章
人物研究：为什么曼德拉被广泛纪念？

迄今为止，美国出席外国政要葬礼的超规格阵容。这是以前从没有过的，这强烈地表达了美国政府对这位享有世界盛誉的人权斗士的追悼之意"。当时的美国总统奥巴马甚至宣布了一个在美国历史上十分罕见的决定：为曼德拉这位外国人降半旗志哀。曼德拉戏剧性地成了美国英雄。

为什么美国到处张贴曼德拉的图片？在完成"曼德拉为何被广泛纪念"的作业之后我觉得"为什么曼德拉如此被美国纪念"也是一个值得去思考的问题。仅仅是因为曼德拉代表了平等、自由、宽容、和解吗？

2004年美国的一项研究显示，曼德拉成为全球性的标签，知名度仅次于可口可乐。《老师的谎言：美国历史教科书中的错误》中也提到："我曾经多次在我的第一次课上问过几百个大学生（多数是白人），在他们心目中谁是美国历史上的英雄，结果，他们并没有选教科书告诉他们应该选的那些美国历史人物，有些学生甚至选择了外国人，不管是男是女，比如，甘地、特蕾莎修女、纳尔逊·曼德拉……"①

《圣经·旧约》中记载了犹太男孩大卫挑战腓力士巨人歌利亚并取得胜利的著名故事，美国人心目中最经典的英雄模式就是"大卫对抗歌利亚"的模式。

"美国文学名著中的主人公都有一个共同特点：凭自己的意志与力量，与大自然斗，与社会传统斗，与社会丑恶斗，并自其中找到和

---

① [美]詹姆斯·洛温：《老师的谎言：美国历史教科书中的错误》，第17页。

实现了人生价值。"① 美国电影电视剧的核心也常常是英雄。美国电视学者哈尔·希梅尔斯汀认为:"英雄是从想象与象征的文化谱系中抽象出来的,他们为人们提供了试图效仿的典范。在电视情节剧中,这些社会典型作为形象或符号发挥着作用。"②

曼德拉成为"美国英雄",是因为他符合"大卫对抗歌利亚"的模式,他是"小小大卫",对抗的是巨人——南非种族隔离制度,曼德拉不屈服地抗争直至最后取得了胜利,成为南非总统,找到了宽恕与和解的价值。

那么为什么美国人心中最经典的英雄模式是"大卫对抗歌利亚"的模式呢?我想美国赢得独立战争正是"小小大卫"对抗"巨人歌利亚"的胜利,因此自然而然,美国人会通过这种"英雄模式"来纪念自己的开国历史和开国英雄,美国文学和影视作品以及现实生活中会不断出现这样的英雄。

美国一家公司曾与媒体联手,以"谁是你心中的英雄"为题,对民众进行调查,让民众选出心中的20位英雄。在"生活中的英雄"中,休·汤普森位列第二,他1967年参军赴越南作战,为了使美军包围圈里的九个越南平民免遭屠杀,他把枪口对准了自己的战友:"你们开枪,我也开枪!"他的行为在当时遭到非难并受到官方调查,但后来五角大楼授予了他越战纪念章。位列第九的是黑人女性罗莎·帕克斯(Rosa Parks),1955年12月1日,帕克斯乘坐拥挤的公共汽车下班,疲惫的她坐在白人专座上并拒绝为一个粗暴的

---

① 王向远:《宏观比较文学讲演录》,广西师范大学出版社,2008,第179页。
② 潘桦主编《当代经典美国电视剧叙事案例分析》,中国广播电视出版社,2013,第388页。

第十章
人物研究：为什么曼德拉被广泛纪念？

白人男性让座，她因此被送上法庭，后来引发了一场全国性的黑人民权运动。

无论是休·汤普森还是罗莎·帕克斯，无论是马丁·路德·金还是曼德拉，他们都是对抗"歌利亚"的大卫。

# 第十一章

自选项目:"二战"中被忽略的中国

2013年8月,我爸爸应邀到加利福尼亚大学洛杉矶分校(UCLA)做访问学者,我和妈妈随行。2013年8月2日,我们一起抵达洛杉矶,暂时借住在爸爸的朋友家。他家离UCLA family house很近,据说步行不到十分钟,那儿将是我们以后常住的地方。

抵达美国的第二天晚上,吃过晚饭天还亮着,我们决定散步过去看看。果然很近,一会儿就到了,我看见一个小石碑,上面写着UCLA family house。我们参观了一户在UCLA做博士后的中国人的家之后,决定在这个小区里转转。

这是一个很大的小区,走了很久才出了小区的门。这时天有点晚了,但还不暗,我们开始往回走。走了一会儿,我们觉得路有些不对,妈妈说我们可能迷路了,爸爸定了定方向,但对初来乍到的人来说在洛杉矶定方向实在太难,建筑几乎都是一模一样的大平房。我们又走了好久,发现真的迷路了。我们身上又没有带手机,只好问路。但四周却看不到人影,怎么办?又走了一会儿终于看到一个人站在他家门口大树下,于是我们赶紧过去问路。他听清我们的住址,掏出手机google了一下,抬头问:"你们准备怎么回去?"我们说走回去。他说太远了,让我们稍等一下,说完就进了车库。

第十一章
自选项目:"二战"中被忽略的中国

我们一家三口坐上了他的车。他得知这是我们到美国的第二天,笑着问我们从哪里来,我们说从南京来,他回答道:"我不知道南京,我知道北京、上海。"当时我有点惊奇,怎么会不知道南京呢?后来我才发现这位美国好心人的回复是美国人通用的回答,而我妈妈也通常会给他们扫盲:"北京,京 means capital,北 means north,南京,京 means capital,南 means south。"

这次迷路的经历令我感触颇深,首先是美国人的友善,在国内时常常听说的"在美国遇到活雷锋"的故事在来美国的第二天就在我身上上演了。其次是这位美国好人竟然不知道南京,他没有上过历史课吗?美国历史课本难道像日本历史课本一样不写南京大屠杀吗?

一、美国历史教科书中没有南京大屠杀

的确,加州美国历史课本里没有南京大屠杀。

在布切里先生带我们像历史学家一样分析"犹太人大屠杀"期间,我仔细去查看了课本,里面关于"犹太人大屠杀"的部分足足占了六页,而关于南京大屠杀,课本只有一句话,这句话提到了抢劫杀人,但没有用"南京大屠杀"的字眼,并且南京这个地名也没有被标记起来(教科书标记过的地名在后面会有注解,可注解里根本没有南京)。我有点气愤:一千多页的书,只写一句话也太过分了吧,寥寥一笔就带过了,这句话谁能有印象!基本上美国历史课本对比较重要的事件都会附上图片或当事人的故事、介绍或采访,但南京大屠杀在美国课本上没有被当作比较重要的事件,可以说是被忽略不计了。难怪那位美国好人不知道南京,难怪后来我们遇到的美国人几乎都不知道南京

这个地方。

结束了一周围绕"犹太人大屠杀"的学习之后，我心想：布切里先生会不会和我们讲讲南京大屠杀呢？毕竟在美国有"超越课本"的老师，而布切里先生就是其一。

布切里先生真的上了一堂南京大屠杀课！

那天在上历史课之前，布切里先生一如既往地向每个同学问好，向我问好之后，他突然问了我一个问题："你能告诉我，你是从中国哪个城市来的吗？"

我回答道："南京。"

布切里先生很体贴地问："我今天的历史课就要讲到南京，你知道一些关于南京大屠杀的事情吗？如果你对此觉得不舒服，我可以送你去隔壁班待一会儿。"

我说："不要紧，在中国的时候，每一年的12月13日，全南京城要鸣响警笛三分钟，让人们记住那段悲惨的历史。"

随后我们开始上课。布切里先生上来就和我们说："在美国的教科书上，整个'二战'最突出的部分就是纳粹德国对犹太人的大屠杀，但是却很少提到远东发生的战争，没有提到日本对中国的南京大屠杀。"说到南京大屠杀死亡人数时，布切里先生用的是20万这个数字，而不是30万，20万是远东审判时的数据。

之后布切里先生给我们读了一些描写日本在"二战"期间暴行的文字，这些文字简要概括了日军的战争暴行、慰安妇和遭受歧视的日统区人的遭遇。听到这些，同学们很是震惊："天哪，还有南京大屠杀！""给我们看一点图片。"有同学要求。但布切里先生没有放图片给大家看，他说："那些图片太血腥了。"

第十一章
自选项目:"二战"中被忽略的中国

二、三方文献考察南京大屠杀

布切里先生给我们发下了一份阅读材料,这份材料包含了三方文献:(1)日本教科书节选;(2)中国教科书节选;(3)美国的相关研究文献。布切里先生特别强调中国教科书和日本教科书是原文翻译,没做任何修改。

日本教科书节选

1937年8月,两位日本士兵和一位官员,在上海被射杀(外国租界)。此次事件之后,中日之间的冲突升级,日本军方认为如果他们占领了国民党首都南京,蒋介石就会投降。他们在12月占领了该城市,但是蒋介石已经将他的首都迁到了遥远的重庆。冲突依旧持续。

小字注解:在这段时间里,许多中国士兵以及公民被日本军队杀死或伤害(南京事件),这次事件声称的受害者的实际数目由于资料证据的缘故引发了很多质疑,争论一直持续到今天。

我们读这份文献的时候,布切里先生解读了一下:日本教科书为"在12月占领了该城市"这句话加了注,但谁会去密密麻麻的小注里寻找南京大屠杀的内容?而且即使这样的小注也没有出现"大屠杀"的字样和数据,只是来了个括号(南京事件),就是考古学家也无法注意到这个小注里的括号呀。

中国教科书节选

　　南京大屠杀：1937年12月，日本军队占领了南京，对南京市民和战俘实施了血腥暴行，使用极度残忍的方式杀死居民——大规模屠杀、焚烧、砍头、活埋、用狗咬。南京大屠杀是历史上最惨绝人寰的事件之一。

　　根据统计，在日军占领的六周内，日军杀死的手无寸铁的南京市民以及中国战俘的总数超过了300000人。南京大屠杀是日本侵略者对中国人犯下的最大罪行。

历史学家史景迁研究文献

史景迁（Jonathan Spence）是美国当代著名的中国史研究专家，1993—2003年在耶鲁大学任教。以下文字节选自他1999年出版的《寻找现代中国》。

　　那段时间，在南京发生的恐怖以及毁灭一定会排在现代战争史中最残酷的行列。日本士兵12月13日进入南京，在大约七周的时间里，对被击败的中国士兵以及平民实施的暴力和残忍世所罕见。据居住在那里的一个外国观察家观察，被强暴的女性（大多在之后被杀害）约有20000人，被杀害的投降士兵约有30000人，被谋杀的市民大约有12000人。当时的中国人估计的数据比以上数据高十倍以上（300000）。这个数据实在很难做到精确。但在城市里，随处可见抢劫、随意的毁坏、纵火，最终使得这座城市的大部分建筑被毁坏，到处是大量的尸体。

第十一章
自选项目:"二战"中被忽略的中国

布切里先生课堂的问题是针对史景迁的研究文献的:

1. 这是什么类型的文献?这种类型的文献有什么目的?
2. 你认为这可信吗?为什么?

而家庭作业的问题是:"你觉得中国教科书还是日本教科书更加可信呢?"哪种选择都可以,只要理由充分就给分。不过在我印象当中,由于日本教科书的内容过于不可信,所以没有人选择它。

三、"二战"中被忽略的中国

美国教科书中不提南京大屠杀,这引发了我对美国世界历史教科书的质疑,正如布切里先生说的,"不说什么"也是要破解的。

美国教科书第十一章是"第二次世界大战(1939—1945)",分为"通往战争之路""'二战'的经过""新秩序和大屠杀""大后方和战争的余波"四部分。

看过这章内容,你会明显发现中国在"二战"中的作用被忽视了。

中国是在世界上开辟反法西斯战场最早的国家。如从1931年九一八事变算起,中国坚持抗战长达14年之久,比英、法对德军宣战(1939年9月)早8年,比苏联对德军开战(1941年6月)早近10年,比美国对日本开战(1941年12月)早十年零三个月。

在整个第二次世界大战的战场上,中国的阵亡人数最多,中国抗日战场歼灭的敌人约占整个亚洲战场上歼敌总数的74%以上。战后许多日本学者都承认在对英、美开战后,日本陆军主要战场仍然是中国,"当太平洋上的战火已经燃烧到这般程度的时候,日本陆军的主力仍然被死死钉在中国战场上，寸步难移"。①

整个"二战"亚洲战场的开始就是日军在卢沟桥发动七七事变，可美国历史教科书上一个字也没有提及。自珍珠港事件发生以来，整个盟军几乎是节节败退。在很短的时间内，日军就以其航空母舰加上零式战斗机的战术优势迅速击败了依靠重炮又没有制空权的西方海军，控制了包括法属印度支那、缅甸、印度尼西亚等在内的几乎所有的东南亚地区。而此时中国战场有长沙大捷（第三次长沙会战），这场战役在当时鼓舞了盟军的士气，美国总统罗斯福称："盟军的胜利，全赖华军长沙大捷。"

英国媒体也用《在此远东阴云密布之际，唯有长沙上空之云彩确切光辉夺目》的标题进行报道：

> 1月8日，伦敦《每日电讯报》发表社论《论中国之精神》谓："日军猛攻长沙，已被中国军队击退，功绩之大，自不待言。"同日，《纽约时报》谓："蒋委员长统率之部队，已充分证明其具有莫大之勇敢，中国军队愈向敌人压迫，则美国远东军愈有获胜希望。"11日，美国《华盛顿邮报》谓："长沙一役或为对日战争的转折点，日军假如占领长沙，即可获一军略胜利，故华军此次大捷，重要性不可漠视。"15日，英国伦敦《观察报》谓："此次长沙大捷，乃今兹中国战斗力量特优之例证。并直接有助于同盟国及其本国，中国之陆军力量现已发展至何种可畏之程度，且在过去一二年中曾有若干之成就，恐系举世所应知而实未知者。"②

---

① 日本历史学研究会编《太平洋战争史》第4卷，金锋、冷明、孔知行、王炳达、马君雷译，商务印书馆，1962，第43页。
② 钟启河、刘松茂：《湖南抗日战争日志》，国防科技大学出版社，2005，第193页。

第十一章
自选项目:"二战"中被忽略的中国

长沙大捷后美英宣布废除对中国的不平等条约,蒋介石被任命为中印缅战区盟军最高统帅。

中国军队不仅粉碎了日军三月亡华的妄想,还抵挡住了日本的凌厉攻势,相比于珍珠港之后实力强大的其他盟国的节节败退,中国军队在长沙等地进行的抵抗成功得多。中国对日军兵力的牵制和消耗无疑为其他盟国的胜利提供了条件,中国军队在战场上独立击毙了日军50万人,日军为了侵略中国而在中国驻军100万有余,如果日军将这些兵力向外调,必然会给盟军带来大量的杀伤。罗斯福说:"没有中国在亚洲战场做出的巨大贡献,世界反法西斯战争的进程将大大延迟。"丘吉尔也同样指出:"如果日本进军西印度洋,必然会导致我方在中东的全部阵地崩溃。而能防止上述局势出现的只有中国。"斯大林也如此说:"只有当日本侵略者的手脚被捆住的时候,我们才能在德国侵略者进攻我国的时候避免两线作战。"

在反法西斯斗争最激烈的年代,中国被公认为世界反法西斯战争的四大国之一。中国几乎参加了所有决定世界反法西斯战争胜负和战后重建世界和平的重要国际会议。例如,1942年建立世界反法西斯统一战线组织的国际会议,1943年开辟欧洲第"二战"场的会议,1943年关于促进战后和平、民主与发展的莫斯科会议和关于责令日本无条件投降的开罗会议,1944年关于起草《联合国宪章》的会议,1945年关于联合国成立大会的会议。

如果不是因为中国在世界反法西斯战争中的巨大贡献,中国怎么能在联合国成立大会上被选为安理会五个常任理事国之一呢?

抗日名将郑洞国在他的回忆录中写道:

战后，国际上一些政治家和历史学者，对于中国抗日战争在世界反法西斯战争中的作用，往往未能给予充分的肯定，甚至有人企图否定和抹杀中国人民为此所做出的贡献和牺牲，这是极不公正的。实际上，在第二次世界大战爆发以前，中国就独立抗击了当时号称世界上最强大的法西斯军队之一的日本军队。在"二战"期间，中国军民也始终将大部分或绝大部分日本法西斯军队牢牢地拖在中国战场上，使其不能自拔。这样就有力地支援了以苏联为主要战场的欧洲反法西斯战争，使社会主义苏联不仅避免了陷入两面作战的困境，而且得以从远东抽调大批兵力投入欧洲战场上对德国法西斯军队作战；同时，中国的抗日战争也长时间地拖延、遏制了日本法西斯军队的"南进"计划，并在太平洋战争爆发后，有力地支援了英美盟军在太平洋战场和亚洲战场上的作战。对此，当时的美国总统罗斯福先生曾有公正、客观的评价，他说："假如没有中国，假如中国被打垮了，你想一想有多少个师的日本兵可以因此调到其他方面作战？他们可以马上打下澳洲，打下印度，并且他们可以一直冲向中东，和德国配合起来，进行大规模的夹击，在近东会师，把俄国完全隔离起来，吞并埃及，切断通过地中海的一切交通线。"因此，完全可以说，中国抗日战争以其重要而辉煌的历史功绩，为我国和世界的历史，写下了光辉的篇章！①

　　然而从美国这本高中教科书中看不出中国在"二战"中的盟国

---

① 郑洞国：《我的戎马生涯：郑洞国回忆录》，东方出版社，2012，第272页。

第十一章
自选项目:"二战"中被忽略的中国

地位。

这种对中国的忽视是如何造成的呢？如果单纯从教科书篇幅有限、"二战"重大事件太多来解释，无疑是托词。

布切里先生很关心南京大屠杀问题，在课堂上特意拿了其他州的历史教科书做对比，结果我们发现这些州的教科书在南京大屠杀这一议题上并没有达到加州历史教材的水平，它们或者对南京大屠杀只字未提，或者最多也只有两句。

由于历史教科书对于亚洲战场的描述太少了，布切里先生在讲述亚洲战场的时候发下了一份翔实的补充材料，即使在这份翔实的补充材料中，关于中国也只有这样一句："英属缅甸的陷落使得中国无法接受援助物"，这句话明显把中国塑造成了一个被援助的国家。

中国的地位不是盟国，而是被援助的国家。这是很不符合客观事实的。

的确，中国在"二战"中接受了援助，但程度远低于西方各盟国。当时中国的工业实力远低于欧洲，人口却相当于当时欧洲人口的总和，对于物资的需要程度远胜于欧洲，不过由于国民政府的内部派系问题，整个援助的物资很难被完全用到正确的地方。史迪威将军向马歇尔将军递交的关于中国的报告上，报告了国民政府的腐败和不团结，导致了马歇尔将军有理由让美国政府削减对中国的援助。所以，美国对于当时抗击日军的主力——中国——仅提供了1.6亿美元的援助（相当于今天的20亿美元），占美国当时对所有盟国总援助额的3.2%！而英国接受了60%左右的援助，苏联接受了22.5%的援助，就是对于法国流亡政府，美国都提供了3.2亿美元的军事援助。

而且，在第二次世界大战中，中国并非只接受援助，也积极支援其他盟国的抗日行动。教科书为什么不提中国援助英属缅甸而说"英属缅甸的陷落使得中国无法接受援助物"呢？

最著名的缅甸战役就是中国远征军协助英国、美国打下来的。但是在第一次缅甸战役时，英国没有表现出丝毫的诚意，蒋介石表示英国人的目的就是利用中国军队保护他们撤往印度。蒋介石指示史迪威，在英国人表明他们的战斗意志之前，不要让中国远征军过于靠前。结果史迪威的一意孤行导致了第一次远征缅甸的失败，而英国对中国承诺的援助也根本未到。

在中国援助缅甸的过程中，日本调遣40万军队进攻中国，但因史迪威一心希望攻击在缅甸的日军，将中国军队调往缅甸（当时史迪威把持了美国的援助，整个中国军队不得不听从史迪威的命令），英国也因为日本南方军向印度的盟军重要兵站英帕尔发动攻势而告急，请求中国支援。于是，蒋介石在日军进攻河南的紧急情况下，仍然决定反攻缅北。结果，在豫湘桂战役期间，中国远征军始终未回调一兵一卒，使得中国军队付出了惨重的代价。

尽管缅甸战役史迪威打得非常成功，但是由于在本土的作战不利，蒋介石不再信任史迪威。1944年8月，罗斯福一度以接近命令的口吻向蒋介石提出要求将军队交予史迪威指挥，为此特意将史迪威晋升为上将。史迪威得悉后，亲自将该份电报交与蒋介石。很明显，罗斯福向一个主权国家公然索取对该国军队的指挥权，违背了国际关系准则，这直接侵害了中国国家主权。蒋介石回复罗斯福，倘若要将指挥权交予史迪威，宁愿脱离盟国独自抗日，最终罗斯福下令撤换史迪威。

中国军队基本以一己之力抗击日军，靠自己不充足的落后装备去抗击日本这个工业大国。从1942年至1944年9月，美国运到云南交

第十一章
自选项目："二战"中被忽略的中国

给中国远征军的武器数量是冲锋枪2724支、步枪20000支、机关枪663支、迫击炮284门、火箭筒524具、山炮302门，而中国远征军有18个师之众。美国对中国的援助可谓是微不足道。这也是"二战"后期中国军队不能很好地反击日军的一个原因。

四、我的探索：美国教科书为何忽略中国在"二战"中的地位？

美国教科书忽略中国在"二战"中的作用和地位是因为什么呢？这引发了我的思考，正如布切里先生说的，不讲什么也是需要破译的。

为什么不讲？是不是可以简单归因为中国和美国分别属于社会主义阵营和资本主义阵营呢？我觉得美国教科书里有强烈的西方中心主义，正如"二战"时美国的立场是"先欧后亚"一样。

1942年美英首脑采纳了马歇尔将军提出的"先欧后亚"的全球战略。当时日本在太平洋战场上与美国直接对抗，并且占领了美国的殖民地菲律宾，也威胁到美国在太平洋的海权。反观德国，虽然向美国宣战，但是在集中兵力对付英国和苏联，无法直接威胁到美国。

可是马歇尔还是说服了罗斯福让美国在亚洲—太平洋战场采取守势，集中力量投入欧洲—大西洋战场，全力支持苏、英等国对德作战。美国向欧洲大量派遣军队，却从未正式派遣陆军支援中国对日作战。第二次世界大战后，美国的马歇尔计划也就是欧洲复兴计划，其援助目标不仅仅针对西欧国家，甚至对东欧也发出了邀请。但在第二次世界大战之后，美国并没有给予中国足够的援助来恢复其受损伤的经济，甚至还对当时的国民政府进行武器禁运。

英美教科书中对中国的忽视，也正如"二战"时他们对中国的态度一样。

在雅尔塔会议上,美国为了自己的利益,背着中国政府,同意外蒙古独立,并且许诺苏联可以在第二次世界大战结束之后获得中国旅顺、大连的租借权利。美国承诺苏联的所有要求会在击败日本后予以满足。

英国在第二次世界大战中看似废除了治外法权等与中国的不平等条约内容,但是并未将香港地区交还给中国。1942年6月3日,英国首相丘吉尔在接见中国国民党政府驻英国大使顾维钧时曾经表示:"日本战败以后,它占领的全部中国领土,将由中国收复。"但是在战争结束后,英国政府并没有履行它的诺言。"二战"结束之后,按照日本天皇裕仁的训令,所有的日本军队都要就地向盟军所属的战区将领投降。而英国军队强行在香港成立了香港军政府。9月16日,英国人夏悫以香港军政府总督的身份,代表英国政府和中国战区最高统帅接受日军投降。

在"欧洲中心"的后面躲着的应该是"白种优越论"。

第二次世界大战中,美国对其欧洲同盟国的援助远高于亚洲,并且由于根深蒂固的对黄种人的歧视,他们轻视了日本这个对手。印度独立后的第一位总理尼赫鲁在他的《印度的发现》一书中写道:"战败和灾难已经是够痛苦的了(指马来亚海战),而一支东方的和亚洲的力量竟战胜了他们的这个事实就更增加了这种痛苦和耻辱。"丘吉尔曾经说过,他宁愿"威尔士亲王"号和"击退"号被德国人击沉也不愿被黄皮肤的日本人击沉。

现在,美国有了"有色"总统奥巴马,美国依然存在"肤色歧视"吗?这是我的问题,而下面摘录的是我在图书馆和我爸爸的英文教师

第十一章
自选项目:"二战"中被忽略的中国

的对话:

> 我:在加州会不会有对中国人的歧视?
>
> 英文教师:当然有,这种歧视是一种文化 DNA。从美国建国到美国 20 世纪 60 年代人权运动,这漫长的历史时期,积淀下了这种文化的 DNA。尽管在一定程度上可以说加州是华人建成的。那时华人建设了铁路以及旧金山这个城市。
>
> 我:我爸爸采访了一个 ABC(American Born Chinese),他很沮丧,因为在学校他被教育说他是美国人,享受一切平等。等到他进入工作单位,却发现他无法进入高层,他才知道美国并没有真正给他平等,这是不是就是美国文化的 DNA?
>
> 英文教师:是的,但美国人不是只歧视中国人,美国人也歧视黑人、一切非白种人。更重要的因素是种族而不是国籍。这就是美国的真相。

美国教科书不只在谈及"二战"时忽略中国,谈及辛亥革命时也是如此。对于辛亥革命美国教科书这样写道:

> 在 1911 年 10 月,孙中山的拥护者在中国中部发起革命。此时孙中山正在美国——他在科罗拉多州的丹佛读到了起义的消息。由于孙中山的缺席,一名协统(即旅长)领导了此次革命。

请比较一下"中国中部"和"科罗拉多州的丹佛",从两个地名的详略我们不难看出被忽略的中国旁边站着的是一个被"夸大"的美国。

五、被夸大的美国

美国课本和美国课堂都带着夸大美国的特征。在讲述"二战"这一章时，布切里先生有一堂课专门讲述"二战"中的重要战役，如中途岛战役、瓜达尔卡纳尔岛战役、马绍尔群岛战役、硫磺岛战役、冲绳岛战役等。没有诺曼底登陆和斯大林格勒保卫战，布切里先生这堂课的重心是在太平洋战场。

第二次世界大战从欧洲开始，先后开辟了欧洲战场、亚洲战场和太平洋战场。苏德战场是欧洲战场中的主要战场，中国战场是亚洲战场中的主要战场，菲律宾、马来西亚、硫磺岛、中途岛、瓜达尔卡纳尔岛等国家和地区则是太平洋战场中的主要战场。

如果我从小在美国长大，上完布切里先生的课我会为美国感到无比自豪，美国在"二战"中真是"英勇无比""贡献最大"，是美国决定了日本法西斯彻底失败的命运。因为在美国的历史教科书上，"二战"亚洲战场结束的原因被归功于美国在广岛、长崎投放的原子弹。

这让我想起了一则关于"二战"结束原因的谜语。

抗战胜利后的元宵节，重庆一家报纸就抗战胜利出了一个谜语，谜底是中国古代历史人物。结果最后的答案有四：屈原、苏武、蒋干、共工。

"屈原"，即屈服于美国的原子弹。这是大部分美国人心中唯一的标准答案。

"苏武"，即苏联出兵。美国除了向日本投放原子弹外，也通过常规武器对日本进行轰炸，这些轰炸其实均未让日本军部妥协。日本主战派在中国东北和朝鲜半岛部署了大量军队，盟军考虑到平民伤亡

第十一章
自选项目:"二战"中被忽略的中国

问题无法继续对日军进行轰炸,而中国军事实力不足以攻下东北,所以苏联出兵中国东北,击溃了近百万关东军,其贡献完全可以与美国向日本投放原子弹相提并论。

2011年8月7日《波士顿环球报》发表文章,介绍了加利福尼亚大学历史学家长谷川在研究日本投降原因时得到的新成果。文章称日本投降并不是因为众所周知的广岛、长崎核爆炸。据他对证据的仔细核查,日本在广岛核爆炸之前并不准备投降,在核爆炸之后也不准备立即投降。事实上,是在广岛核爆炸几天之后的苏联对日宣战迫使日本投降。美国和日本公众都坚持认为是核爆炸结束了战争。对于日本人来说,广岛是他们国家作为受害者的有力象征,帮助他们遮掩了侵略者的角色和大规模战争暴行。对于美国人来说,广岛核爆炸一直是正当的手段。长谷川注意到了这一点,并说:"这似乎触动了神经。"他的解释可能会给投放原子弹的道德争议带来新解释,也会引起关于核威慑的争议,还表明我们可以以不同的方式理解第二次世界大战怎样结束、为什么结束。

"蒋干",主要突出的是以蒋介石为首的国民党在抗战中的作用。

"共工",当时提供这个谜底的人强调的是中国共产党在抗战中的作用。

我想我的谜底也是"共工",但意思是:共同工作。国共抗日、美国原子弹、苏联出兵"共同工作"才使日本投降。

哈佛大学教授斯蒂芬·沃尔特指出:

> 美国人喜欢把国际社会积极动向的功劳记在自己头上。比尔·克林顿总统认为美国"对于促成稳定的政治关系不可或缺",

已故哈佛大学政治学家塞缪尔·亨廷顿认为美国的至高无上地位对于"世界上自由、民主、开放经济体和国际秩序的未来"至关重要。记者迈克尔·赫什说得更为露骨,他在《与自己交战》一书中写道,美国的全球作用"是千百年来,也许是有文字记载的历史以来这个世界收到的最好礼物"。鉴于美国领导人极尽自夸之能事,大多数美国人把自己国家视为国际事务中一支绝对的积极力量实在不足为奇。

跟前面所说的一样,这个观点有一定道理,但谈不上完全准确。美国在过去一个世纪里为世界和平与稳定做出了无可否认的贡献,包括马歇尔计划、布雷顿森林体系的创建与管理、对民主和人权核心原则的声援以及在欧洲和远东地区大体上起着维持稳定作用的驻军。但是认为一切好事都源自华盛顿的智慧则过分夸大了美国的贡献。

首先,虽然看过《拯救大兵瑞恩》或《巴顿将军》的美国人也许会以为美国在打败纳粹德国方面发挥了核心作用,但实际上对德作战主要在东欧展开,粉碎希特勒战争机器的主要任务是由苏联承担的。同样地,尽管马歇尔计划和北约对欧洲在"二战"结束后的重建起到了重要作用,但欧洲人在重建国家经济、构建新型的经济和政治联盟、打破超越长达四个世纪的敌对方面至少有同样大的功劳。①

斯蒂芬·沃尔特教授的这段话很好地解释了为什么在美国世界历史教材和美国课堂上"美国"中心如此凸显。

---

① [美]斯蒂芬·沃尔特:《"美国例外论"的错觉》,《外交政策》2011年11月。

第十二章
美国教科书中的中国形象（上）

中国家庭价值观

洛杉矶公共图书馆有一项非常好的服务，为在美国长期居留的以英语为第二语言的人群提供免费的一对一语言教师。我爸爸试着去图书馆申请了这项服务，在填写服务单时，爸爸写下了对教师的要求：帮助提高英语会话能力，并能就中美文化进行对话。这个要求好像有点高，但在提出申请一个月后，图书馆找到了匹配的老师。这位老师本科专业是宗教，硕士专业为建筑学，目前在一家餐厅工作并参加了好莱坞一个戏剧社的演出，业余的时间做公共图书馆的志愿者，他喜欢尝试不同的生活方式。通过电子邮箱，爸爸和这位外教约好时间，在离我们住处不远的社区图书馆面对面交流。

那天爸爸带我去了社区图书馆，我问了这位外教几个困扰我的问题：

"中国高中生对美国很熟悉，但美国人似乎对中国知之甚少，为什么？"

"因为美国是一个中心国（central）。在国际事务上，美国是最重要的主角；在世界舞台上，美国政府营造了一个很好的形象。现在这个世界，大多数人都听说过美国梦，无论他们是爱美国也好，恨美国也罢，美国都是当之无愧的中心，所以很多国家的人会努力去了解美国，但美国人却没有动力去了解其他国家。"

"是不是大部分美国人都觉得自己的国家最强大？"

"是的，我认为美国是全世界最好的国家，我为我的国家感到自豪。"

"中国人对美国人的普遍印象是美国人乐于助人、和蔼、幽默，那美国人对中国人的印象是什么呢？"

"这个很难回答，美国人想到中国人，首先想到的是中国人带来的东西，比如茶叶、功夫、太极……"

回国后，由于学籍问题，我"被辍学"了半学期。在那段时间，我决定好好研究一下美国高中历史教科书中的中国形象，因为我实在困惑：我的美国同学为什么对中国了解那么少？

想起布切里先生第一堂历史课上说："故事是谁说的，说了什么，没有说什么，重点说了什么，怎么说的，为什么这么说，这些都是需要去破解的'语言'。"我决定按照这个思路开始研读美国历史教材中讲述的中国故事。

作为中国人，一想到中国文化，大多数人脑海中立刻就会出现悠久灿烂、源远流长等形容词。而美国高中历史教科书概括中国文化的关键词是家庭价值观。

第十二章
美国教科书中的中国形象（上）

一、古代中国：孔子和家庭价值观

在布切里先生的课堂上，中国不是重点。一开始我认为因为我们学习的是世界近现代史，所以教材的第一章"古代世界的遗产3000BC—1600"当时被直接跳过了。那美国教科书到底如何描绘中国古代文明呢？

教材的第一章"古代世界的遗产3000BC—1600"有四节：第一节是"最早的文明"；第二节是"希腊文明"；第三节是"罗马和基督教的兴起"；第四节是"文明的新模式"。在第一节"最早的文明中"，教科书有五个段落，分别是古代美索不达米亚、埃及与神权、文明的新中心——以色列、古代印度、古代中国。中国被最后提及并且篇幅也最短。

教材的写作体例是每个段落题头出现这一节的主要观点和阅读链接，而后是正文叙述，最后是阅读检查。

教材是如此讲解古代中国的。

主要观点：孔子的理论影响了中国人顺服家庭、忠于家庭的最基本观念。

阅读链接：美国人说家庭价值观时意味着什么？阅读时注意中国家庭价值观是怎么形成的。

最早繁荣的中国文明出现在商王朝，统治时期从大约公元前1750年到前1045年。下一个王朝为周，正是在周代产生了中国公认的文化观念。比如，在周代（公元前1045年到前256年）这段漫长的统治期间，"天命"信仰出现，这种政治信仰认为统治者之所以成为统治者是因为天给了他一个命定。如果国家被入侵或是经济出现危机，人民有理由质疑"天命"并放弃他们的支持。

在周朝的长期统治下，中国社会形成了。在中国，家庭是社会的核心，在家庭内部，父亲的地位相当高，对家庭和祖先的忠诚使得中国成了一个不仅稳定而且保守的社会。

今天，中国在世界中的强大地位来源于它的疆域广阔以及文化影响。这些因素可追溯至汉代，汉代从公元前202年统治到公元221年，把帝国的版图向西扩大到中亚的沙漠，向南到南海区域以及今天的越南。中国文化展现出了无与伦比的一面，它的科学进步也是卓越的。

中国文化与孔子紧密相连。孔子是一位公元前6世纪的哲学家，观察社会并试图成为政治顾问，但他从未接受过政治的任命，他成了老师，教导数以百计的学生。

孔子生活在大混乱时期的中国，各势力之间常常彼此争斗。孔子希望回答一个道德上的问题：如何做才能使我们的社会恢复次序？

对于孔子来说，最重要的问题不是超自然的世界，而是如何在这个现实世界有道德地生活。他相信人性本善，每个人都应该获得知识和美德。但是这一切都很难发生，除非由有道德的领袖来领导。在儒家思想中对于上级的服从变得非常重要。

学生们将孔子的言行记录了下来，在很多世纪中孔子的言行

第十二章
美国教科书中的中国形象（上）

指导着中国人和中华王朝影响的其他地区的人。直到今天儒家依然保持着它的重要影响力。

阅读检查：什么时候中国人觉得反对统治者是正当的？

第一章结束之后有一个特别策划栏目，这期栏目的主题是世界宗教。儒教是其中的一个小条目。

尽管许多人认为儒教是宗教，但它其实是基于孔子理论的哲学。孔子是公元前500年的中国学者。他坚信道德与社会责任可令生命充实。自从儒学被创立以来，它对中国社会起了深远的影响，并且孔子经常被尊为一位精神导师。

为什么谈到古代中国的时候，教材要强调孔子和家庭价值观呢？

图12-1 19世纪早期的绘画，描述了孔子和弟子们在一起的场景

美国历史教材在每章正文的前面有预习与准备的环节，这一环节有三项内容，每一项内容占一页。

第一项：阅读技能；

第二项：历史分析技巧；

第三项：重要故事（a story that matters）。

故事之后还有两个栏目：为什么重要、历史和你。

第一章预习与准备环节的重要故事是《伯利克里的雅典演说》。

公元前431年，希腊爆发战争，两个独立的希腊城邦——雅典和斯巴达——为了取得希腊的控制权而开战。因为受到民主理念的鼓舞，雅典人觉得他们在城墙内很安全。

战争开始的第一个冬天，雅典人举行公开祭祀悼念在战争中牺牲的人。雅典居民纷纷参加祭祀，死难者的亲属哀悼他们的亲人。

按照雅典的风俗，请一位德高望众之人在祭礼上发表演讲。那天的演讲人伯利克里谈到了雅典的伟大，并提醒雅典人他们政治体制的力量。

"我们的体制，"伯利克里说道，"之所以称为'民主'，是因为国家是由多数人而非少数人在治理。在解决私人纷争时，法律面前人人平等；在公共生活中，担任公共职务所优先考虑的是个人的才能，而不是他的群体地位。不是他属于何种阶层，也没有人会因为贫穷而默默无闻。并且就像我们的政治生活是自由和开放的那样，我们的日常生活和他人的关系也是如此……这里的每个人都不只是关心自己的事务也关心城邦的事务。"

第十二章
美国教科书中的中国形象(上)

故事之后的"为什么重要"栏目如此写道:

> 伯利克里在著名的葬礼演说中,描述了希腊的民主理想和个人的重要性。这仅仅是一个例子,解释希腊文明如何奠定了西方文明的根基。他们探寻关于生命的意义、神圣的力量和真理这些基本问题。希腊人不只是试图回答这些问题,也创造了一套回答这些问题的逻辑思考体系。这些思考体系在今天仍然重要。

从这个重要的故事以及围绕故事展开的问题,不难看出第一章"最早的文明"的学习重点是古代希腊文明,教材引导学生将美国文明上溯到希腊文明。

"历史和你"栏目有如下文字:

> 重读文章中引用的《伯利克里演讲》的内容,这段对雅典民主的描述有哪些部分可以在美国宪章中找到?写一个书面报告解释并支持你的立场,附上美国宪章的例子。

"古代中国"段落的阅读链接问题是:美国人说家庭价值观的时候意味着什么?阅读时注意中国家庭价值观是怎么形成的?从这两个问题不难看出"古代世界的遗产3000BC—1600"这一章的编纂原则。古代世界遗产是指对现在世界仍旧存在影响的制度文化思想。美国教材如何去选取古代世界的遗产?无疑是那些对美国而言有使用价值、有影响力，或者有参照作用的遗产。这就解释了为什么教科书会重点陈述犹太教的基本信仰、希腊文明和罗马基督教文明。

美国教科书讲述儒家是因为儒家依然保持了影响力，讲述中国家庭价值观是为了给美国家庭价值观做参照物。

二、中国的文化变迁

继续阅读就会发现中国家庭价值观不仅仅是作为美国家庭价值观的参照物，也是美国历史教材用来观察中国文化变迁的重要角度。

中国在教科书第一章第一节"最早的文明"中露了一个面之后，再次出现已经是第七章"挑战下的东亚（1800—1914）"。这章分为三个小节：第一节是"清朝衰落"，第二节是"中国的革命"，第三节是"现代日本的崛起"。

在第二节"中国的革命"中有个段落，题目为"中国的文化变迁"。

主要观点：西方文化对中国人有巨大的影响，特别是那些生活在城市的中国人。

阅读链接：你能够举例说明美国文化的外来影响吗？阅读以了解西方思想和服饰如何影响中国传统文化。

在 1800 年，中国人的日常生活依旧一成不变，这个国家大部分人是农民，住在成千上万的村庄里。这些村庄或者靠着稻田，或者在山边。农民的生活被收割季节、乡村的习俗、家庭的

第十二章
美国教科书中的中国形象（上）

惯例所支配。一些男人学过儒学经典，而女人们留在家里或下地干活。所有的小孩必须服从父母，妻子必须服从丈夫。

但125年后来到中国的人将会发现一个不同的中国社会，尽管所有人明显还都是中国人。这些改变包括工人，城市里多次出现罢工，在城市里受过教育的人以及有钱人明显被日益增长的西方文化所影响。儒家的社会理想在影响力上急速衰落，欧洲和美国文化的影响正在上升。

当时的中国，新旧思想斗争以文化领域最为明显。激进的改革者希望去除传统文化的影响，谴责它是压迫人民的工具。他们关注建立一个新的中国，这个中国能够融入现代社会。

最初传统文化的变革开始于19世纪末期，知识分子们开始引进西方的书籍、绘画、音乐以及观念到中国。在20世纪前25年，中国被西方文化的洪流淹没，知识分子称这是"新文化运动"，这个运动是建立在现代西方文化基础上的。

这一时期在城市中，西方文学和艺术开始流行起来，尤其是在中产阶级之间。在农村，传统文化依旧吸引着保守人群。许多新派艺术家追随着西方脚步，传统主义者仍然坚守着中国文化。

特别是文学受到了外国观念的影响，西方的小说和短篇作品开始吸引大批读者。尽管许多以中国为主题的小说是在一战后完成的，却表现出现实主义风格这一西方趋势。它们也描写西化的中产阶级，比如茅盾的《子夜》就描写了上海城市精英的改变，大部分中国小说家明显表现出对传统文化的轻视。

作家巴金，著有大量长篇小说和短篇小说，是中国20世纪最重要的作家之一,出生于1904年,他对中国家庭的严苛和禁锢有着深刻的理解,他在三部曲《家》《春》《秋》中,描写了大家族中的年轻人希望脱离家庭,导致传统儒家文化的瓦解。

叙述到这里,插入了一个"图解历史"栏目(图12-2)。

图解历史:巴金(右一)和他四个兄弟以及继母的合照。巴金给读者展示了中国传统家庭生活的样貌。从这张照片中,你能推论出什么?

阅读检查:描述西方文化给中国带来什么样影响?

图 12-2

第十二章
美国教科书中的中国形象(上)

在"中国的文化变迁"段落后附了一个图文并茂的专题:那个时代曾经的样子(The way it was)。我喜欢教材中这个充满历史感的栏目。

中国的年轻人

在古代中国,小孩不被视为个体,而仅仅是家庭成员,事实上孩子的价值——特别是儿子——只是在田里工作、传宗接代并且照顾老人。20世纪初,这些观念在中国社会的一些领域发生了改变。

这些变化部分归功于新的教育体系。1905年,中国废除科举制,儒家教育再也不是事业成功的钥匙。建基在西方体制下的新学校成立,在城市尤为明显。公立学校和私立学校教育了中国的下一代,他们开始对过去(传统)表现出不满。

1915年,接受过教育的年轻人开始了一次对旧体制、旧文化的冲击。他们的目标是儒家的家庭观念,鼓励年轻人抛弃古老的家庭观念,如尊重年龄、男性高于女性、牺牲个人需求满足家庭需要。

年轻人的反抗在城市里颇见成效。旧家庭体系的暴政开始崩溃,女人可以和男人一样寻求教育和工作,在城市的富裕家庭中,婚姻自由非常普遍。这些年轻的西式精英传播了欧美的服装以及年轻人的音乐。

这些改变几乎没有影响到农村,传统文化在农村依然具有支配权,父母包办婚姻依然是主流。根据19世纪30年代的报道,三分之二以上的婚姻依旧是包办的,在一个小村子,170 个人中只有三个人听说过"自由婚姻"一词,即人们自由选择配偶的结婚方式。

在这段文字之后,教科书附了四幅那个时代的图片。

第一幅图:1900 年,中国农村的年轻人过着因循守旧的生活。家庭是社会最重要的单元,传统决定一个人的地位,老年人被极大地尊重,父亲是权威的中心。如果一个孩子不顺从,无论男孩、女孩都要受到严厉的惩罚。他们必须辛苦工作(图 12-3)。

第二幅图:这幅肖像画是一个城市家庭的合影。他们漂亮的家似乎有门廊或内院。妻子精致的头饰说明他们属于生活优渥的上等阶层;父亲应该是个政府官员,属于在中国社会具有影响力的群体(图 12-4)。

第三幅图:一个人的着装是其社会形象的标志。照片中的年轻中国女子穿着维多利亚风格的西式长裙,边上是一条吃饱了的狗。她也

Young people in rural China in 1900 had much the same experience as previous generations. The family was the most important unit in society, and tradition determined a person's status. Age was greatly respected, and the father was the center of authority. If a child was disobedient, the boy or girl might be severely punished. Hard work was expected.

图 12-3

第十二章
美国教科书中的中国形象(上)

图 12-4

许想说她很摩登,她膝盖上的书可能是《圣经》,或许她还是个基督徒(图 12-5)。传教士创办的学校是西方文化影响中国年轻人的一个途径。

第四幅图:这个年轻的中国青年得意扬扬的神态讲述着另一个故事——穿西式服饰,某种程度上代表着青年人从中国传统中解放出来,并自由选择自己的生活(图 12-6)。

教材"那个时代曾经的样子"专题设计了让学生关联到过去的思考题。读完"中国的年轻人"后,两个关联的题目是:

1. 比较:比较传统的生活方式和 1915 年之后中国年轻人的生活方式。

> ◀ The jaunty stance of this young Chinese man in Western clothing tells another story—that Western dress was partly about being liberated from Chinese traditions and free to choose one's own life.

图 12-5　　　　　　　　　　图 12-6

2. 书写历史：如何比较 20 世纪早期中国青少年的生活和美国今日青少年的生活？写一页短文，用一些具体的例子来支持你的见解。

看到这样的题目，我总觉得教科书有让美国学生忆苦思甜的意味，但是那些生在美国长在美国的华裔学生会怎么写这篇论文呢？是否教科书在鼓励他们去反对自己的父母？就算他们的父母是西式精英也不可能全盘西化，不带一点中国传统文化的痕迹吧！

在美国教科书中，中国的家庭价值观是什么呢？是"所有的小孩必须服从父母，妻子必须服从丈夫"，是"小孩不被视为个体，而仅仅是家庭成员，事实上孩子——特别是儿子——的价值只是在田里工

第十二章
美国教科书中的中国形象(上)

作、传宗接代并且照顾老人"。巴金"对中国家庭的严苛和禁锢有着深刻的理解",由于"儒家的社会理想在影响力上急速衰落,欧洲和美国文化的影响正在上升",中国"旧家庭体系的暴政开始崩溃"。

从美国历史教科书的视角来看,古代中国的文化遗产——儒家家庭价值观——虽然悠久但不灿烂,不只是不灿烂,还很黑暗,是需要变革的因素。

第十三章
美国教科书中的中国形象（中）

清王朝的覆灭与门户开放

有一个趣味题，问：有三个改变世界的苹果，是哪三个？答：第一个苹果是夏娃摘下的苹果，这是一个传说中的苹果，人类因此失去乐园；第二个苹果是砸到牛顿头上的苹果；第三个苹果是乔布斯的苹果。

1665年，一个苹果砸在牛顿头上，引发了巨大的"苹果效应"。

在一本1665年阿姆斯特丹出版的法文版《中国的皇帝》中，中国皇帝端坐中央，手按地球，文臣武将侍立两旁，脚下是屈膝被囚的蛮夷（图13-1）。

1665年，中国康熙四年，泱泱大国，文明礼仪之邦，繁荣鼎盛。康熙帝无法预见遥远的地方一个苹果砸下来，欧洲和美国将成为世界霸主。那个砸到牛顿的苹果引发了工业革命，正如系列纪录片《大国崛起》所说的："牛顿为工业革命创造了一把科学的钥匙，瓦特拿着这把钥匙开启了工业革命的大门。"西方列强兴起，英国成为日不落帝国，而回应牛顿力学、推崇理性的自然神论者高举民主、自由、分权的大旗掀起了启蒙运动，以启蒙精神为重要根基的美国成为

第十三章
美国教科书中的中国形象（中）

图 13-1

今日世界的中心国。

这个苹果砸到中国时，西方人曾经向往的文明的中国成为野蛮的国度，而曾经的西方蛮夷现在成了文明的代言人。

现代世界是"西方中心"的世界，美国教科书是如何来描写中国近现代史的呢？

一、美国教科书中的"清王朝衰亡"

美国加州高中世界历史教科书第七章"挑战下的东亚（1800—1914）"分为三节：第一节是"清王朝衰亡"，第二节是"中国革命"，第三节是"现代日本的崛起"。

1800年，满族统治下的清王朝在漫长的和平与繁荣中达到了它的鼎盛时期。然而，在随后的一个多世纪的时间里，清王朝在西方列强的羞辱与厌弃下衰亡了，其重要原因是清政府面临现代西方给中国带来的强大外在压力，当然内在的变化也起了作用。

这是"衰亡的起因"的开篇词，之后这一部分就开始交替叙述"在西方列强的羞辱与厌弃下"的清王朝以及清王朝的内在变化。教科书首先介绍了鸦片战争：

在一段时间的繁荣增长后，清王朝开始出现政府腐败、农民暴动的现象。由于人口的急速增长，清王朝的局面每况愈下。1800年，清王朝有四亿人，导致严重的食物短缺。

1800年，欧洲人事实上已经与中国打了超过200年的交道。欧洲商人被限制在广州这片地方，英国人不喜欢这个约定，并且英国无法与中国达成满意的贸易平衡。一直以来英国从中国进口茶叶、丝绸、瓷器，并向中国出口印度布料，但布料没有抵消赤字，差额部分英国必须用银子来付账。

一开始，英国试图通过谈判来解决贸易失衡问题，当谈判失败后，英国人开始在中国贩卖鸦片。鸦片是一种高度易上瘾的毒品，生长在东印度公司管辖下的北印度，然后直接被送入中国市场，中国南部对鸦片的需求激增，很快银子从中国人的口袋流入英国东印度公司官员的手中。中国政府对此反应强烈，他们开始和英国政府谈判，试图禁止他们贩运鸦片。

第十三章
美国教科书中的中国形象(中)

英国人拒绝停止他们的活动,可中国政府在广州封锁了外国人区,并责令商人交出鸦片。英国以武力回击,引发了鸦片战争。

中国人不是英国人的对手,当英军几乎畅通无阻地沿长江逼至南京时,清王朝求和了。在1842年签订的《南京条约》中,中国政府同意给英国开放五个通商口岸,对进口货物减税并支付战争赔偿,并把香港岛租借给英国。在这个协议上只字未提的是鸦片贸易。在五个口岸中,英国人住在自己的区域里,他们不需要遵守中国的法律,只遵守英国的法律,这被称为治外法权。

鸦片战争标志着西方开始建立对中国的影响。当时,中国试图以夷制夷来解决危机,把对英国妥协让步的条件也给了其他的国家,比如美国。很快中国南部的五个通商口岸就繁荣起来。

鸦片战争之后开始讲述太平天国:

与此同时,失败的中国政府还需要解决一个由经济崩溃而导致的起义——太平天国起义(1850—1864)。这次起义由洪秀全领导。洪秀全是一个基督徒,他把自己当成耶稣的弟弟,宣扬神给了他摧毁清帝国的任务。大批农民加入他的队伍,他们占领了永安县并建立了新王朝——永远太平的天国(太平天国),太平天国因为社会改革吸引了很多人,这些改革包括分配土地给农民、妇女平权等。1853年3月,起义军占领了南京,杀死了25,000多男人、女人和孩子。这场起义持续了十多年,后期开始逐渐瓦解。欧洲人认识到太平天国的力量后,开始帮助清王朝。一位英国观察家说:"太平天国里没有好的东西,他们只有烧、杀、毁。"

  1864年,有了欧洲援助的中国军队重新占领了南京,摧毁了太平天国的残余武装。太平天国运动是一场最具毁灭性的内战,在14年的斗争中有2000万人死亡。他们对西方列强的抗争导致清朝无法平息内部动荡。从1856年开始,英法以武力增加了他们的贸易特权,在1858年的《天津条约》中,中国同意鸦片贸易合法化,并开启对外贸易的新港口,同时割让了九龙半岛给英国。

太平天国之后,教科书开始叙述清王朝进行内部改革的努力:

  太平天国时期,清政府依赖地方民兵武装来恢复秩序,这些武装靠自行收税来生存并补充新兵。平定了起义之后,许多此类武装并没有解散,凭借着当地领导人的支持,他们继续自行征税来满足自己。在这种恶劣的情况下,清帝国的统治者终于倾听了"自强"改革者们的呼声。改革者希望中国接受西方技术的同时保持儒家精神,也有部分激进者希望引进民主制度来改变政治。从1870年起,中国政府希望在不改变中国的政治及伦理基础上组建现代化军队并建设工业、铁路以及制造武器。大量现代化工厂建起来,但中国的价值观并没有改变。

  最终这些改革家并没有让清帝国强大起来,欧洲列强在19世纪最后十年持续侵略中国,中国最后崩溃。

清王朝内部改革失败后,教科书开始叙述清王朝又一轮的外患内忧。

第十三章
美国教科书中的中国形象（中）

　　俄罗斯利用中国的软弱让中国割让黑龙江以北的一切领土，更多的问题出现在中国的核心地带。欧洲各国开始划定租界，在租界里，列强有完全的主权。太平天国起义之后，各地方势力武装决定与外国人谈判，外国人给了钱，这些人就把贸易特权、铁路经营权和矿产开发权交给了外国人。这样一来，英、法、德、俄、日都开始在中国建立影响圈。1894年，与日本战争的战败大大削弱了清帝国。日本占领了台湾和辽东半岛。由于害怕日本的强大，欧洲列强让日本归还辽东半岛给中国。但对于中国新的威胁开始了，两名德国传教士被杀，德国人以此为借口拿下了山东。中国政府同意签订与德国的条约，其他国家也开始了扩张。

　　1898年的春天，光绪帝开始了一次仿效日本的改革。在接下来的九周（百日维新）里政府开始了军事、文化和教育改革。在改革中，光绪帝将君主官僚政治建立在西方模式下，开始用新的教育体制替代传统的科举，接受西方学校、银行和一些进步举措，并且开办用西方训练法和战斗技巧进行训练的军校。许多人反对这些复制西方的政策。最重要的是，新的改革被慈禧所反对，作为掌控实权的人，她反对皇帝的改革。在军队的支持下，她关押了皇帝，改革夭折了。

　　教科书的文字叙述到这里时，出现了一个"历史中的人物"栏目。慈禧很"荣幸"地成为美国教科书这个栏目中出现的第一个中国人（图13-2）。

图 13-2

慈禧：1835—1908

慈禧太后由于不情愿做出实质性改变，加速了清朝的灭亡。慈禧初入宫时品级很低，直到她生下皇长子（也是独子）之后，她的地位才大幅提升。

咸丰皇帝驾崩后，慈禧垂帘听政辅佐她儿子同治皇帝统治中国，儿子死后她再次垂帘，辅佐侄子光绪皇帝统治中国。后来，凭借着保守势力以及帝国军队的支持，她将光绪软禁在皇宫中。

慈禧太后在中国历史的关键时刻统治了中国近50年，她对自己的权力十分了解。"我经常想我是古今中外最聪明的女人，四亿人民都需要听我的旨意。"

第十三章
美国教科书中的中国形象(中)

二、英雄与"他者":美国教科书的叙述角度

叙述完清王朝在应付内忧外患时的软弱无力以及中国处于被欧亚列强分割的局面之后,美国教科书中开始出现"美国英雄":

> 由于清王朝的压力越来越大,英国和美国害怕一旦清朝政府崩溃,其他国家会超出限度地控制中国。1899年,美国国务卿海约翰提出了一个建议,既能确保平等享受中国这个市场,同时又能保存中国为一个完整的国家。其他帝国同意了这一观点。海约翰宣称这是他的门户开放政策。
>
> 在一定程度上,门户开放政策体现了美国对中国生死存亡的关心,当然它是基于美国的商业利益。这些商业利益需要开放的市场但不希望将中国分割成不同国家的势力范围。门户开放政策并没有结束西方国家在中国的势力范围,而是放松了列强势力范围之间的贸易限制。门户开放政策也降低了帝国主义者占领中国市场的狂热,减少了英国、法国、德国、俄国的恐慌,这些国家都唯恐其他国家利用中国的软弱侵害自己的势力范围。
>
> 尽管美国人对自己的政策充满着信心,但门户开放政策来得太晚了,以至于没有阻止拳民起义。拳民(Boxer)是个当时的专有名词,用来称呼那些加入秘密组织"义和拳"的成员。拳民们一直进行一种系统训练——太极拳的一种形式或者和想象的对手拳击——他们认为这样可以阻挡子弹。
>
> 义和团对外国人占领中国领土感到不安,他们的口号是"杀死外国人",他们特别不喜欢西方传教士以及皈依了基督信仰的

人——认为这些人威胁到了中国传统。1900年年初，义和团就在乡村巡游并屠杀外国传教士和中国基督徒，受害者还包括外国商人甚至德国派去北京的使节。

对于这些杀害的回应是迅速而猛烈的，一支由英国、德国、俄国、美国和日本等国家组成的两万人的联合部队在1900年10月攻占北京，这支部队恢复了秩序并向中国政府要求更多的权利。中国政府被迫付出高额的赔偿金（损失费）给那些粉碎暴动的国家。现在清帝国已经比任何时候都软弱。

假设我没有在中国学过中国历史，仅仅读美国教科书，美国的伟大真是跃然纸上："关心中国的生死存亡""门户开放政策来得太晚没有阻止义和团"，我一定会觉得美国对中国充满着人道主义情怀，义和团在我心中则只能意味着愚昧、反基督教、滥杀无辜和暴力。但关键是我是中国人，学过中国历史，书上为何只字不提包括美国在内的八国联军野蛮的烧、杀、毁？

美国教科书负面评价中国太平天国起义："太平天国里没有好的东西，他们只有烧、杀、毁"，"太平天国运动是一场最具毁灭性的内战，在14年的斗争中有2000万人死亡。他们对西方列强的抗争导致清王朝无法平息内部动荡"，展示了当时中国领导者的"愚昧自大"——"我经常想我是古今中外最聪明的女人，四亿人民都需要听我的旨意"，强调了义和团愚昧、反基督教、滥杀无辜、暴力等特征。教科书为什么只强调这些？

这让我再次想起布切里先生在"犹太人大屠杀"课堂上讲述的"他者"概念。殖民者都愿意把被殖民者视为他者。

第十三章
美国教科书中的中国形象(中)

（哥伦布）写道："他们民风淳厚，国王将一个非凡的国家管理得如此有序。他们记忆力好，他们看这看那，问它们是什么，怎么用。"后来，当哥伦布转而为自己的战争以及对土著人的奴役行为辩护时，土著人就变得"残忍"而"愚蠢"了。

把那些被征服者或即将被征服者说成很坏，对征服者总是有益的。根据社会心理学家利昂·费斯廷格的说法：修改自己的观念，使之符合自己的行为或计划中的行为，是那种被称为认知失调过程的最常见结果。没有人愿意把自己看作一个坏人。把一个我们看来完全符合人性的他人视为坏人，会在行为与态度之间造成紧张，这是需要解决的。我们不能抹去我们所做过的事情，改变将来的行为也不符合我们的意愿，而改变态度就比较容易。哥伦布在美洲为我们提供了第一个认知失调的例子。①

清代初期，西方人看待中国是欣赏并学习的态度：

欧洲作者们首先被中国的政治核心——皇帝的绝对权力所吸引。17世纪前半叶耶稣会士发现中国皇帝被当作神一样敬拜，出于其宗教责任感，曾对此表示过担忧。入清以后，中国皇帝享受的礼仪待遇没有变，但耶稣会士却着重描述清初几位皇帝是贤德之君和世人楷模。白晋的《康熙皇帝画像》可谓最有针对性的一部，杜赫德则从诸多传教士的叙述中推论出中国皇帝在欧洲的主导印象，那就是"拥有最高程度的治国之道，自身汇集了构成一

---

① [美]詹姆斯·洛温：《老师的谎言：美国历史教科书中的错误》，第50页。

位正人君子和君主的一切品质。他的风度举止,他的体形,他泰然自若的种种特征,高贵的气息以及温和仁慈的性情,使人刚一见到他就不由产生出爱戴敬重之情,从一开始就向人表明他是宇宙间最伟大帝国之一的君主"。17世纪末以来的欧洲知识分子们大多还是为耶稣会士刻画的中国理想政治模式着迷,这些描述成为他们反思本国社会与政治状况并探索改革方向的参照系。①

然而随着清王朝的衰亡,中国沦为半殖民地半封建社会,西方人就换了一种眼光看中国,美国教科书中对太平天国和义和团的叙述视角都是以"殖民者"为中心的。与此同时美国教科书借着门户开放政策树立美国在国际事务中的美好形象。但美国真的是关心中国生死存亡的"英雄"吗?

三、我的探索:美国真的是关心中国生死存亡的英雄吗?

美国教科书借着门户开放政策树立美国在国际事务中的美好形象——"在一定程度上门户开放政策体现了美国对中国生死存亡的关心,当然它是基于美国的商业利益。"问题是这种对中国的关心到底是在何种程度上的?它体现的美国商业利益又是在何种程度上的?

为了研究这个问题,我决定运用布切里先生的三方资料对照的方式。在美国教材的立场之外,我阅读了一份代表中国立场的文献和一份第三方文献(学者研究文献)。

---

① 阎纯德:《汉学研究》第9集,中华书局,2006,第317、323页。

第十三章
美国教科书中的中国形象（中）

美国在远东扩张活动的新时期，是从1898年的美西战争开始的。美国通过这场战争，在加勒比海和太平洋攫取了丰硕的侵略果实。但是，正如霍布森所说的，"古巴、菲律宾和夏威夷都只是盛大宴会前为刺激食欲的小吃"，中国才是美帝国主义者垂涎欲滴的盛宴之一，菲律宾，则被美国商人看作"对华贸易的门户"。参加巴黎和会的美国代表之一里德在美西战争后狂妄地宣称："太平洋现在已在我们手中，如果运用得当，美国就能够使太平洋变成美国湖。对菲律宾的贸易与对中国的贸易比较起来，只不过是沧海之一粟，只是它给了我们一个极好的立足点。"

在美西战争以后，美国即公开宣告其野心勃勃、无所不包的对中国的侵略政策，集中体现在麦金莱、海约翰的门户开放政策上。1899年，美国国务卿海约翰在其给英、俄、德、法、日等国的照会中表示美国的"利益不得因任何列强在中国的所谓他们的'势力范围'以内的独占措施而受到损害，并希望在中国保持一个对世界商业开放着的市场"。1900年7月3日，美国在我国发生义和团反帝运动以后，又发表了第二次门户开放宣言，一方面要求各帝国主义国家采取共同行动来镇压我国义和团反帝斗争，另一方面以所谓"保全中国领土与行政的完整"为幌子，抗拒其他帝国主义国家扩大他们在中国的势力范围从而把美国排斥在外的企图。这个政策是在"关心保护其目前和将来的在华利益的美国实业界的压力之下"制定的。[1]

---

[1] 黄安年编《从战地到史林——邓蜀生九旬文集》，中国法制出版社，2012，第94—95页。

美国人泰勒·丹涅特在《美国人在东亚——十九世纪美国对中国、日本和朝鲜政策的批判的研究》一书中指出:

> 门户开放政策在美国政治上已经变成了这样富有魔力的一个词句,美国政府放弃了在中国租借一处像胶州或旅顺口之类的口岸的权利,因为所有的良好口岸不是已经被租借,就是被不割让协定取去了先占权。设想若列强不答应海氏的建议,美国政府究竟会怎么办?这虽然是一个臆度的但却也是一个有趣和重要的问题。看来似乎是明明白白的:美国绝不会用武力来强求门户开放政策被承认或是防止其他帝国瓜分中国。但另一方面,对中国的瓜分一旦开始,美国国内必会有一种反对袖手旁观而不参加分赃的极其强烈的情绪。考虑到海约翰所着力表达和坚决反对的一切,他的工作即便不被认为是一个堂堂的胜利,至少也应该被认为是一件重要的外交杰作。①

综合三方文献的阅读,至少有一点可以肯定,即美国人最关心的是美国人自己的利益。但为什么美国教科书会说门户开放政策一定程度上展示了美国关心中国的生死存亡?

列强都在损害中国的利益,只有美国还在关心中国的生死存亡,这句话真是"美国例外论"的又一个例子。当然美国确实有些例外之处:

---

① [美]泰勒·丹涅特:《美国人在东亚——十九世纪美国对中国、日本和朝鲜政策的批判的研究》,姚曾廙译,商务印书馆,1959,第550—551页。

第十三章
美国教科书中的中国形象(中)

19世纪中叶以后,远东各国,特别是中国,被逐渐纳入欧洲主宰的国际社会,同欧洲国际政治一样,远东国际政治当然也是一种强权政治,其特征是鸦片战争后开始的所谓条约体系(Treaty System)。毫无疑问,美国参与了这种帝国主义外交。美国不仅在太平洋地区获得了夏威夷和菲律宾,而且还加入了日本和欧洲列强旨在维持远东现状和扩大在华政治经济影响的各种安排,并进而承认(无论是明确支持还是默许)列强在华特权。但是与其他列强不同的是,美国对这种帝国主义外交并不满意,而是试图修正它。

当19世纪末美国成为一个世界性强国的时候,关于美国应如何发挥在世界上的影响力的问题,在美国国内有两种不同的主张:一派主张效仿和参与欧洲的权力政治,通过加强军事力量和在海外占领殖民地来提高国家的荣誉以及在国际舞台上发挥影响,确立美国的大国地位,成为大国俱乐部中的一员。另一派认为美国不应该满足于作为西方的一部分和步欧洲之后尘,在处理国际事务的观念和方式上不应追随欧洲,而应该提出自己的国际秩序观念,运用美国日益壮大的实力,用美国的方式来改造国际社会。换言之,成为世界强国不一定要效法欧洲的帝国主义外交,而应让欧洲和整个世界效仿美国,即"让世界美国化"(Americanization of the World)。

美国新的国际秩序观首先体现在1899年和1900年针对中国提出的门户开放政策上。门户开放政策代表了美国在远东外交的一大特点,即"通过和平与合法的手段进行扩张",有学者将这种扩张称为"和平与自由的扩张主义"(peacefuland liberal expansionism）。这种扩张主义与其他帝国主义外交思路，特别是同日本的大陆主义有很大不同，体现了美国在远东国际关系中的新思想。

在一战爆发前的几年间，美国在远东尝试以新的国际秩序观念代替帝国主义外交的努力主要体现在美国总统霍华德·塔夫脱（Howard Taft）的"金元外交"上。对"金元外交"的理解不能局限于20世纪初的美日争夺和扩大美国的经济利益，"金元外交"具有建立新的世界秩序的意义。①

美国教科书指出了两点："一定程度上，门户开放政策体现了美国对中国的生死存亡的关心；当然它是基于美国的商业利益。"这是"金元外交"的两个特征。

扩展美国在华经济利益是"金元外交"的重要目的，这一点，中国政策的决策者直言不讳。塔夫脱总统在1910年5月的一次讲话中称："我认为，这是极端重要的，即一方面保证我们的外交政策一丝一毫也不离开正义的道路，另一方面也应实行积极干预，以保障我们的商品市场及对资本家有利的投资机会，从而使美国及有关国家都能受益。"

所以，门户开放政策的确有"关心中国生死存亡"的理想成分，因为"金元外交"第一个重要方面是"外交政策不脱离正义道路"。

---

① 秦亚青主编《中国学者看世界1：国际秩序卷》，新世界出版社，2007，第164—166页。

第十三章
美国教科书中的中国形象(中)

那么什么是塔夫脱政府的"外交正义"？塔夫脱政府的外交正义具有宗教与道义的色彩。

在《鉴往知业：百年来中美经济关系的回顾与前瞻》一书中，作者写道：

> 19世纪80年代，公理会牧师约西亚·斯特朗（J.Strong）在其代表作《我们的国家》一书中称："作为这两种思想（指基督教思想与公民自由思想——引者）的伟大代表，与这两种至大幸福容器的盎格鲁-撒克逊人，当然对世界的未来保持一种特殊的义务，在某种意义上是受天命来充当他的同辈的保护者的。"
>
> 在19世纪和20世纪之交，传教士们拯救"异教世界"的宣传，种族主义者所谓"白人的责任"的谬论，以及扩张主义者有关美国作为世界大国对落后国家"应尽义务"的荒唐言辞，都试图为美国的对外扩张制造合法性，并使之披上利他主义的外衣。
>
> 塔夫脱深受这种思想的影响，他声称："关于我们是否要在世界上扮演一个伟大的角色，美国人民别无选择，命运已为我们做出了决定，我们不得不扮演那个角色，我们所能做的是演好还是演糟。"他在1908年的一次演讲中表示，美国作为基督教文明的先锋，已经在菲律宾从事一种"伟大的传教士式工作"，在中国也应该扮演类似的角色。
>
> 诺克斯①也相信美国对华政策有利他主义成分，他为"金元

---

① 诺克斯是美国国务卿。塔夫脱对他说："供给中国铁路和其他企业资金的国家，在中国事务中必具有优先地位，美国资本参与这样的投资，就应该给予美国在该国的政治争端中以更具有权威性的发言权。"诺克斯为此提出了"满洲铁路中立化"计划，试图通过"国际共管"插足东北，这个计划遭到日俄反对而搁浅。

外交"辩护时说:"当我们支持中国门户开放时,那并非所谓的'金元外交',而是对一种高尚的道义责任的承认。"诺克斯宣称:"如果在帮助中国维护其主权和领土完整时,经济与商业因素卷进来,那既是因为我们处在一个现实的世界,这里实际的利益起作用并产生冲突,也是因为我们必须考虑各国民众和政府行为的平凡的、合乎人性的动机,并运用日常的目的和生活手段。"

H.威尔逊在抗议威尔逊总统抛弃"金元外交"政策时写道:"该政策的首要动机和目的是保护中国的完整和主权,从道义上、物质上和政治上提升中国人民的水准,开发中国的资源以及维持我们传统的门户开放政策,或者对美国企业机构均等的政策。"

塔夫脱等人加于"金元外交"之上的这轮道义光环,一方面固然体现了美国外交思想中的理想主义成分,但更重要的是要掩饰它的现实利益动机。[①]

四、我的探索:门户开放政策来得早些就能阻止义和团运动吗?

门户开放政策似乎的确有"关心中国生死存亡"的理想成分,但即便如此,假设门户开放政策推行得早一些,就能阻止义和团运动吗?

---

① 顾云深、石源华、金光耀主编《鉴往知来:百年来中美经济关系的回顾与前瞻》,复旦大学出版社,1999,第215~217页。

第十三章
美国教科书中的中国形象(中)

很多方面的事例表明,美国的门户开放不仅仅限于物质层面,也涉及精神层面,除了尊重中国主权完整原则的表述之外,还包括美国努力使中国向美国的价值观靠拢,或者正如美国著名记者沃尔特·李普曼所说的:"门户开放政策是美国生活方式输出的代名词。"理想主义理念促进了美国在华传教事业的发展。从19世纪末开始,大量美国传教士来到中国,出现了美国海外传教事业的高潮,开始了新一轮的"西进运动"或者在华传教的第二个浪潮。①

门户开放政策并不是中国自己主动对外开放,这个政策无论如何美化充其量不过是列强干涉中国内政比较温和的方式。在一定程度上甚至可以说如果门户开放政策推行早,义和团的爆发不仅不能被阻止,或许还要提前,因为西方会更早促使中国向西方的价值观靠拢。辜鸿铭指出:

(义和团)这种旨在共同防御的村社之结社或者结盟风俗,在中国自古以来就是合法的。每逢国内动乱,帝国当局就会鼓励这种结社。这样一种村社防御制度,过去一般称为"保甲",现代则称之为"团练"。运动的另一种倾向,或者毋宁说开展,其产生无疑应归于特殊的地方局势,它脱离了原有的轨道,变成了一种更富于攻击性的、好战且完全失去控制的狂热,无论是对于朋友还是对于敌人,都变成一种灾难。但"义和团这场革命暴动

---

① 张小明:《美国与东亚关系导论》,北京大学出版社,2011,第65页。

的最初起因，应该被记住，它是列强对中国内部事务的干预"。

义和团杀德驻华领事是庚子年八国联军侵占北京的导火线。按照辜鸿铭的说法，这是个"最难谈的部分"：

> 它难，并不意味着我对所谈问题的缘由在理解上有什么困难或偏见，而是因为激起目前事变（我指的是义和团运动）的那种强烈的情绪。
> 真相大白之后，才有可能宣判它的发生究竟是由于皇太后陛下的邪恶、软弱、判断错误或误信庸臣，还是由于外国使臣的干涉和压力所造成的"地方困难"。在"地方困难"中，我要对"传教方式"和陌生的外国机师麇集中国内地两点加以强调。这些来自希腊和意大利等欧洲国家的洋机师，带着现代欧洲文明："L'homme Sensuel moyen"（耽于肉欲的庸俗之辈）的行为举止（即使不是品行问题），一下子出现在贫穷、古朴、宁静而孤弱的中国妇女和穿长袍的中国男人中间，导致了内地民情不安。①

辜鸿铭特别提出"传教方式"和陌生的外国机师麇集中国内地两点加以强调，美籍华人学者唐德刚也指出：

> 义和拳运动，作为一个纯粹自发的反基督教群众运动，经常被西方学者用作19世纪中国毫无意义的排外主义的突出事例。

---

① 高令印、高秀华：《辜鸿铭与中西文化》，第 520~522 页。

第十三章
美国教科书中的中国形象(中)

最近发生的由主教文鲜明(Sun Myung Moon)和他的联合教会举行的宗教竞赛又一次证明传统的反义和拳论点是一派胡言。如果年轻的联合教会会员们的爹娘有理由"解除"他们孩子的宗教活动的话,那么中国方面一百年前的孔教社会则更有理由解除基督教会在华的活动。况且,事实上年轻的联合教会给它会员的双亲们的社会带来的混乱比之基督教传教团给中国社会造成的混乱来,真是小巫见大巫。①

在一定程度上可以说,如果门户开放得更早,义和团运动会爆发得更早,而不是像美国教科书所说的那样,"门户开放政策"来得早些就能阻止义和团。

---

① [美]唐德刚:《史学与文学》,华东师范大学出版社,1999,第134页。

第十四章
美国教科书中的中国形象（下）

辛亥革命与孙中山

一、美国教科书中的辛亥革命

美国历史教科书第七章"挑战下的东亚 1800—1914"的第二节是"中国革命"，包括清朝的覆灭、内战时代、正在转型的中国社会、中国的文化变迁四个段落。

辛亥革命的内容出现在"清朝的覆灭"这一段落。现将这段翻译如下：

> 主要观点：孙中山领导了一次成功的起义结束了清王朝，但他没有能力建立一个稳定的政府。

> 阅读链接：为什么美国革命能够最终建立一个成功的政府？阅读了解中国辛亥革命的经过。

> 义和团起义之后，清朝绝望地试图改革自救。慈禧太后，这

第十四章
美国教科书中的中国形象(下)

个一直坚定地反对改革的人,也推出了一系列改革政策。改革涉及教育、司法以及行政。

科举考试被一套新的基于西方的教育体制所改变,1909年,立法机关在地方上建立。1910年,甚至有了对国民大会的选举。

新兴的精英——商人、学者以及支持改革的上流社会人士——很快就不耐烦了,因为政治改革进程太缓慢。当他们发现新的国会并不能通过新法律,只能给统治者忠告时,他们被激怒了。

更重要的是,新的改革并未涉及那些因为税收上升而生活状况下降的人——农民、矿工以及工匠。政府继续无视他们心底的怨恨,造成了乡村局面动荡。

在这一段落中,教材插入了一个栏目,栏目的名称为"过去的声音(Voice of past)",这个栏目使用另外的字体和分隔线与正文分割,内容如下:

1905年,一位名叫孙中山的改革家提出了一些包括以下内容的改革计划。

建立共和:如今我们的革命是建立在平等基础上的,目的是建设一个共和国政府。我们所有的人都是平等的,并享受政治权利。总统应该由这个国家的国民公开选举产生。议会应该由这个国家的国民公开选举出的代表组成。

平均地权:这个国家的固有财富需要被这个国家的所有人平

均分配。我们将评估国家所有土地的价值，它们的现有价值归土地所有者所有，但是革命后由于改革和社会推进而上升的价值应该属于国家，并分配给所有人。

在介绍了当时的历史背景之后，是两小段内容，一段是"孙中山的兴起"，一段是"辛亥革命"。

孙中山的兴起

革命的第一个信号出现在 19 世纪最后十年——年轻的、激进的孙中山建立了兴中会。孙中山坚信清王朝已经腐朽，无力继续控制中国。中国必须在一个强大的政府统治之下，不然它将一直活在其他国家的怜悯之下。

孙中山相信中国必须按照西方国家的模式改革，同时他也清楚中国人还没有为民主做好准备。他准备了一套分三个步骤进行的方案，方案包括：（1）军政阶段；（2）训政阶段，在这个阶段孙中山领导的革命党教育人民做好民主的准备；（3）立宪民主。

在 1905 年的东京会议上，孙中山联合中国的激进党派组建了同盟会。新的组织拥护孙中山的三民主义，推广民族主义、民主主义和人民从事自己生计的权利，这是一个规模很小的新组织。受益于清王朝无力改变中国积贫积弱的现状导致日益增长的不满，这个组织不断壮大。

第十四章
美国教科书中的中国形象（下）

辛亥革命

清朝已经接近了它的尾声。1908年慈禧去世，被她软禁的侄子光绪帝也在前一天死去。现在，宝座被中国的"末代皇帝"所占据，他就是幼儿溥仪。

1911年10月，孙中山的跟随者在中国中部发起革命，此时孙中山正在美国——他在科罗拉多州丹佛的报纸上读到了起义的消息。由于孙中山的缺席，一名旅长领导了此次革命。很快，反政府起义得到了中国其他地区的广泛支持，清朝灭亡，为新政权让路。

孙中山的政党既没有军事力量也没有政治力量来组建新政府，于是被迫把新政府交给一个旧秩序的代表人物——控制军队的袁世凯。

袁世凯是军界的重要人物，一度掌握了国家的军队。在被委派去镇压起义时他抛弃了清朝政府并开始和孙中山的政党代表谈判。袁将军同意成为中华民国的总统并允诺通过选举建立一个立法机构。在阅读了起义的消息（当时孙中山在美国）之后，孙中山自己于1912年1月回到中国。

在孙中山的政党看来，1911年的事件是一场光荣的革命，它终结了两千多年的帝制。然而1911年的起义很难称得上是一场革命，它没有产生新的政治或社会秩序。孙中山和他的同伴们还有很多事情需要去完成。

同盟会主要得到了城市新兴中产阶级的支持，它的政治规划大部分基于西方自由民主的原则。然而，中国的城市中产阶级过于弱小，无力支撑一个新的政治秩序。大部分中国人仍然依靠土地为生，很少会有农民支持孙中山的政党。实际上，与其说1911年的事件是革命，不如说是旧秩序的倒塌。

阅读检查：
评估辛亥革命实际给中国带来了哪些变化。

二、我的探索：为何美国教科书说辛亥无革命？

当我读到美国教科书"在孙中山的政党看来，1911年的事件是一场光荣的革命，它终结了两千多年的帝制。然而1911年的起义很难称得上是一场革命，它没有产生新的政治或社会秩序"以及"实际上，与其说1911年的事件是革命，不如说是旧秩序的倒塌"的内容时，十分震惊，辛亥革命是一场伟大的革命难道不是定论吗？中国教科书说：

> 辛亥革命是中国近代史上一次伟大的资产阶级民主革命。它推翻了清王朝，结束了中国两千年的封建君主专制制度，建立起资产阶级共和国，使人民获得了一些民主和自由的权利。从此，民主共和国观念逐渐深入人心。辛亥革命推翻了"洋人的朝廷"，客观上打击了帝国主义侵略势力，为中国民族资本主义的发展创造了条件。

美国历史学家斯塔夫里·阿诺斯（1913—2004）在他的名著《全

第十四章
美国教科书中的中国形象(下)

球通史》中也指出：

> 在中国长达数千年的历史中，曾有过三次大革命。第一次发生于公元前221年，它结束了领主封建制，创立了中央集权制的帝国；第二次发生于1911年，它结束了帝国，建立了民国；第三次则发生在1949年，它建立了共产党领导的政权。

为什么美国教科书要如此低估辛亥革命的意义甚至强调辛亥无革命呢？是否美国教材有轻视中国的立场所以才说辛亥无革命？

想起布切里先生强调词汇的力量，我决定首先明确革命（revolution）这一概念。

辛亥革命爆发后，英国驻华记者莫里循给《泰晤士报》报社的电文中使用了"革命"一词。但《泰晤士报》新闻部主任达·狄·布拉姆指出：革命只适合成功的起义，只能在起义已经成功之后使用。除非清政府已经被推翻，否则不论起义的形势如何严重，都不能将起义说成是革命。于是当时《泰晤士报》用起义（rebellion）来描述辛亥革命。可见，《泰晤士报》的主编以成功的起义来定义革命，用成功与否来区分革命（revolution）与起义（rebellion）。

在中国课本里有许多起义：陈胜吴广起义、太平天国起义、武昌起义，被称为革命的有周武王取代商朝的汤武革命，还有辛亥革命，它们基本都符合革命是成功的起义这一特征。

但显然美国课本不是以成功的起义来定义革命的。

我继续通过互联网查询更多关于革命的定义。亚里士多德认为"revolution"有两种含义：(1) Complete change from another;

(2) Modification of an existing constitution（革命有两种：(1) 彻底从一个向另一个转变。(2) 修正已有宪法/体制）。

按照亚里士多德的定义，辛亥革命也是革命而不只是起义。

最后我查到了这样一个定义：revolutions entail not only mass mobilization and regime change, but also more or less rapid and fundamental social, economic and/or cultural change, during or soon after the struggle for state power（革命不仅仅包含了大规模军事动员以及政权的更迭，也包括了或多或少地在争夺国家权力的过程中或之后发生的迅速并根本的社会、经济、文化变革）。美国教材"revolution"应该使用的是这个定义。

根据美国课本，革命的定义不只是旧秩序倒塌，还需要产生新的政治或社会秩序。

钱乘旦在《论辛亥革命在世界历史上的定位》中指出：

辛亥革命爆发前后，世界正经历着巨大的动荡，就在辛亥革命发生的时候，全世界同时进行着几场革命，这些革命都具有重大的国际影响，引发世人的深切关注，按时间排列分别为：1905—1911 年的伊朗革命，1908—1914 年的青年土耳其党人革命，1910—1920 年的墨西哥革命，1911—1912 年的中国革命。

恰恰在"西方的优势"最鼎盛的时候，全世界都开始反弹，而反弹最激烈的地方恰恰是各古老文明的最核心区。在中国，孙中山挺身而出，大声疾呼："满清之政治腐败已极，遂至中国

第十四章
美国教科书中的中国形象(下)

之国势亦危险已极,瓜分之祸已岌岌不可终日,非革命无以救重亡,非革命无以图光复也。"这些话说在1910年,不久后中国就爆发了辛亥革命。由于同样原因,伊朗发生革命、土耳其发生革命、墨西哥发生革命、印度持续推进反英独立运动、埃及爆发民族大起义——它们都面临着与中国同样的命运,不革命已无路可走。就连俄国,虽属欧洲又跻身于列强,却也因为落后而处境危险,面对着其他列强无情的挑战,最终也走进革命的行列。

我查看发现,在描述青年土耳其党革命、伊朗革命时,教材同样没有使用革命一词,而是用 modernization of Turkey、modernization of Iran。在教材第一章提到的三大革命——光荣革命、法国大革命、美国革命(美国独立战争),使用的则是 revolution。由此可见,美国教材中的词汇 revolution 强调在争夺国家的权力后是否发生了迅速并根本的社会、经济、文化变革。

美国高中课本认为辛亥革命推翻了清王朝但没有产生新的政治或社会秩序。费正清《剑桥中国晚清史》也曾指出辛亥革命不足以称为一场社会革命。

> 费正清《剑桥中国晚清史》的撰写并没有集中突出辛亥革命在推翻清王朝中的作用,而是认为"是意识形态的风暴和政治风暴摧毁了这个儒家的帝国",并称即使"假定"辛亥革命是一场革命的话,也"是那些传统古老的农业帝国转向西方以寻求建立政治组织和发展经济的新技术的城市化的精英人士脑力劳动的结

果",这些观点显然非常明显地低估了资本主义经济和政治的作用,从而或多或少地否定了这场革命的资产阶级性质,并提出辛亥革命不足以称为一场社会革命的看法。[①]

美国教材并非由轻视中国的立场而得出辛亥无革命的结论,而是认为辛亥革命"没有产生新的政治或社会秩序"。在叙述完"辛亥革命"之后,教材接下来的两个段落是"内战时期"和"转变中的中国社会"。教材对内战时期的描述说明1911年之后中国没有产生新的政治秩序,而"转变中的中国社会"这个部分说明中国没有产生新的经济秩序。

内战时期

主要观点:袁世凯将军的独裁导致了与孙中山的国民党之间的冲突。

阅读链接:你知道哪个国家最近被军队首领掌控?阅读并去发现当一个将军掌握了中国的控制权之后发生了什么。

清朝崩溃之后,军事力量掌握了权力。1911年孙中山和他的同伴接受袁世凯作为中华民国的总统,因为他们没有军事力量

---

① 罗福惠、朱英主编《辛亥革命的百年记忆与诠释》(第三卷),华中师范大学出版社,2011,第474页。

第十四章
美国教科书中的中国形象(下)

去和拥有武装力量的袁世凯相抗衡。孙中山的支持者们担心一旦暴动滑向混乱,西方列强会趁此机会干预。如果这样的事情发生,中国独立的最后屏障也会失去。当时袁世凯将军的联盟成员都带着充分的理由怀疑袁的动机。

袁世凯基本不知道从西方吹到中国的新观念,他以传统的方式进行统治,甚至一度试图建立一个新的帝国。袁被改革者厌弃,因为他利用谋杀和恐怖分子去破坏新兴的民主机构。袁也被传统主义者(保守主义者)——那些支持清朝的人所憎恶,因为他不忠于他所服务的王朝。

袁世凯的独裁统治很快引发了与孙的政党(这时更名为国民党)之间的冲突。当袁解散了新的议会,国民党开始展开反抗。反抗失败后孙中山逃去日本。

袁世凯是一个强有力的人。他能够扫除来自改革力量的挑战,但他不能让历史倒退。1916年他去世,他手下的一位官员继任了总统。在以后的几年里,因为中央政府无力控制掌握了权力的各地军阀,中国滑向了内战,给全国造成了巨大的毁坏。

阅读检查:袁世凯成为总统之后为什么中国还会有起义?

转变中的中国社会

主要观点:西方给中国经济注入了新的能量,但很多经济利益都归于西方而非中国。

阅读链接：什么因素影响了你的生活方式？阅读去发现西方人是如何影响中国的生活方式的。

当欧洲商人在19世纪中叶大量进入中国时，中国社会已经处于转变状态，工业贸易的改变可以从城市中看出来，城市日用品和商业产品如油、铜、盐、茶、瓷器都出现了。更便利的交通以及银行制度开始为货币基金打下基础。从外国引进的新作物增加了粮食产量并刺激了人口增长。中国经济从未如此高产。

西方人的到来在三个方面改变了中国的经济。西方带来了交通和交流的新手段，他们建立了出口市场，并且使中国市场成了19世纪全球经济的一个部分。

对于一些人来说，这种改变是有利的，它给中国带来的震动加速了中国的社会变革，使中国接受新的行为思考模式。

与此同时，中国为这些也付出了高昂的代价。本土工业被摧毁，新经济的收益主要归入西方国家，西方国家得到的远比中国得到的多。

在20世纪的前25年中，改革速度达到顶峰。其中一个原因是，在一战中，西方列强无力持续他们对中国市场的支配权。这意味着中国商人有了更多机会。上海、武汉、天津和广州成了主要的工业和商业中心，这些城市有着大量正在成长的中产阶级和工人。

阅读检查：评估西方人的到来怎样影响了中国。

第十四章
美国教科书中的中国形象(下)

根据美国教科书这两段的论述,辛亥革命之后并没有产生一个新的更好的政治秩序,不过是导致了独裁和内战而已。而辛亥革命对"中国经济新活力"也没有什么贡献,中国经济的新活力是西方带来的,是"西方带来了交通和交流的新手段,他们建立了出口市场,并且他们使中国市场成为19世纪全球经济的一个部分"。所以,美国教科书这两段内容是在论证它为何认为辛亥无革命。

辛亥革命到底有没有产生新的政治或社会秩序?阅读了几方文献后,我比较赞同《辛亥革命在哪些方面改变了中国》的观点:

> 辛亥革命推翻了统治中国几千年的君主专制制度,建立起共和政体,这是辛亥革命最大的历史功绩。对这个历史性巨大变化的意义,人们往往缺乏足够的认识。
>
> 到了封建社会末期,虽然出现一些质疑君主专制制度的异端思想,但国不可一日无君的观念有着根深蒂固的影响。还要注意到,那时共和政体在世界范围内还为数很少,西方大国中实行了共和政体的只有美、法两国。①

三、美国教科书中的孙中山形象

美国历史教科书认为辛亥革命不是真正的革命,那么教科书又是怎样评价孙中山的呢?

---

① 陈晋、孙业礼主编《辛亥革命—百年评忆》,贵州人民出版社,2013,第281~282页。

在"历史中的人物"这个栏目中，教科书对孙中山进行了简要介绍：

孙中山（1866—1925）

中国革命者。

孙中山是推翻清朝运动的领导人。孙中山出生在中国南部的一个农民家庭，在夏威夷接受教育。他回到中国行医，但很快就开始用他的储蓄为革命活动提供资金。一次失败的起义导致孙中山飞到日本，之后去了美国和伦敦，他筹集资金并雇用了中国的流亡者来实现他的革命计划。1911年清朝灭亡后他返回中国。1912年孙中山决定支持袁世凯担任总统，他担心更多的战争会引起更多的混乱以及外国的干预。尽管孙中山从未实现领导中国人实现共和国的梦想，但不论是台湾地区还是大陆都尊他为新中国的创始人。

在"图解历史"这个栏目，有一幅孙中山及夫人（左三与左二）与中国杭州同盟会其他成员的合影（图14-1）。

照片旁边配了一行文字：

盖天既合地球之南朔东西而归于一天，亦必化天下诸教之异同而归于一源。

——王韬，《变法》，19世纪

针对这幅照片的思考题是：

照片中这些人的着装如何反映了孙中山关于中国将来的信念

第十四章
美国教科书中的中国形象（下）

图 14-1

以及王韬对中国改革过程的想法？

教科书再次提到孙中山是在第十章"全球的民族主义（1919—1939）"。这一章分为四节，第一节是"中东的民族主义"，第二节是"非洲与亚洲的民族主义"，第三节是"中国的革命混乱（revolutionary chaos in China）"，第四节是"拉丁美洲的民族主义"。教科书不将第三节命名为"中国的民族主义"，而命名为"中国的革命混乱"，这也让我有点诧异。

"中国的革命混乱"分为四个段落：国民党和共产党、隐藏中的共产主义者、长征、蒋介石的中国。在"国民党与共产党"一段中这样提到孙中山：

> 孙中山是国民党领袖，他欢迎与共产党的合作，毕竟两个党派都希望反对军阀，将帝国主义驱逐出中国。孙中山也需要苏联提供的专家帮助，但他几乎没有得到任何西方国家的帮助。他反帝国主义的言论使他与许多西方国家疏远，上海一份英文报纸写道："他的整个一生，他的所有影响力，都奉献给了理想，这个理想使中国陷入混乱。他被允许在这里推行他那些目标是完全不可取的。"

为什么教科书上引用上海一份英文报纸的报道指出："他的整个一生，他的所有影响力，都奉献给了理想，这个理想使中国陷入混乱。他被允许在这里推行他那些目标是完全不可取的。"

美国教科书中的孙中山形象和中国历史教科书中的孙中山形象大相径庭，中美不同版本的"孙中山故事"让我产生疑惑：孙中山的理想会使中国陷入混乱吗？这个理想真的不合时宜吗？我决定寻找美国版本孙中山故事的脉络。

孙中山用王道和霸道来区分东方文化和西方文化的高下，常常发表反西方反帝国主义的言论：

> 达尔文之主张，谓世界仅有强权而无公理，后起学者随声附和，绝对以强权为世界唯一之真理。我人诉诸良知，自觉未敢赞同。诚以强权虽合于天演之进化，而公理实难泯于天赋之良知。

第十四章
美国教科书中的中国形象(下)

故天演淘汰为野蛮物质之进化,公理良知实道德文明之进化。东方的文化是王道,西方的文化是霸道;讲王道是主张仁义道德,讲霸道是主张功利强权。讲仁义道德,是由正义公理来感化人;讲功利强权,是用洋枪大炮来压迫人。

这就是为什么教科书说"他欢迎与共产党的合作,毕竟两个党派都希望反对军阀,将帝国主义驱逐出中国,孙中山也需要苏联提供的专家帮助,他几乎没有得到任何西方国家的帮助。他的反帝国主义的言论使他与许多西方国家疏远"。

孙中山还认为:

中国革命思潮是发源于欧美,平等自由的学说也是由欧美传进来的。但是中国革命党不主张争自由平等,主张争三民主义。三民主义能够实行,便有自由平等。

"三民主义能够实行便有自由平等"吗?孙中山这个理想似乎是难以实现的。

孙中山认定实现三民主义的重点在于"民生主义"。何为民生主义?孙中山认为:

民生主义就是社会主义,又名共产主义,是大同主义。

民生主义,即贫富均等不能以富者压制贫者是也。但民生主义在前数十年,已有人行之者。其人为何?洪秀全是也。洪秀全建设太平天国,所行制度,当时所谓工人为国家管理,货物为国家所有，即完全经济革命主义，亦即俄国之今日均产主义。

吾国治民生主义者，发达最先。诚可举政治革命、社会革命毕其功于一役。还视欧美，彼且瞠乎后也。

政治革命属于"民权主义"，社会革命属于"民生主义"。孙中山却认为"治民生主义可以毕其功于一役"，自然是难以实现的。

孙中山的王道理想和三民主义使得他不可能在国际关系上得到西方国家的支持，孙中山就选择亲近日本与苏联，因为"日本为尊孔之国，而对此应先表欢迎以为列国倡，方不失为东方文明之国也"，"夫苏维埃主义者，即孔子之所谓大同也"。

但对于西方国家而言，这就是一种混乱。

以上应该是美国教科书版本孙中山故事合理的内在逻辑。在中国孙中山的故事另有一个逻辑。

为什么会出现这么两种不同版本的孙中山故事呢？我想应该是因为孙中山一方面要学习西方追赶西方，一方面又要对抗西方。

辛亥革命就这样被定位在世界历史的进程中了：它是在西方列强向全世界所有文明核心区发动全面进攻并几乎要取得成功时，整个世界做出剧烈反弹的一个重要环节。

值得注意的是为了拯救自己的国家、人民，以及文明，所有的反抗都走同一条路：学习西方，接受西方文明的现代征状——科学、理性、工业，以此来推翻旧制度，建立现代民族国家。人们已经意识到民族国家是前提，没有它，一切都不会有。

这样，当我们重新回顾辛亥革命的政治口号"驱逐鞑虏，恢复中

第十四章
美国教科书中的中国形象(下)

华,创立民国,平均地权"时,就看见了其中更深刻的含义,尤其当"驱逐鞑虏"被重新解释为反抗西方帝国主义之后就更为如此。这个特点,在与辛亥革命同时发生的其他革命和反抗运动中都是一样的,是那个时代的主旋律。[①]

[①] 王晓秋主编《辛亥革命与世界:北京大学纪念辛亥革命一百周年国际学术讨论会论文集》,北京大学出版社,2013,第15—16页。

附　录
技能培养手册

《Glencoe 技能培养手册》中的练习为你提供了掌握加州世界历史课程标准所需技能的实践机会。手册中的技能范围涵盖了加州历史和社会科学分析技能的三大类别：时间和空间思维、历史研究、证据和观点，以及历史解释。

使用这些技能培养工具将帮助你学习关键的历史技能，例如在历史解释中区分观点和事实。列出的17个技能培养工具与每一章相对应。如果你在学习过程中使用它们，你将从中获得最大的收益。每个技能培养工具分为三个部分：

- 解释为什么该技能有价值。
- 学习该技能的逐步指导。
- 使用章节内容的练习来实践该技能。

1. 进行比较

为什么要学习这个技能？

在进行比较时，你能识别出两个或多个观点对对象或事件之间看法的相似之处和不同之处。

附 录
技能培养手册

学习技能

按照以下步骤进行比较：

- 找到两个可以比较的主题。它们应该足够相似，具有共同的特征。例如，将希腊雕像与埃及雕像进行比较比与现代抽象绘画进行比较更为合适。
- 确定这些主题共有的适合比较的特征。
- 在这些领域中寻找相似之处和不同之处。
- 如果可能，找到对这些相似之处和不同之处的解释。

练习技能

以下两段摘录了斯巴达和雅典的儿童抚养模式。阅读这两段摘录，然后回答问题。

段落 A

在斯巴达，男孩被训练成士兵。国家官员在所有儿童出生时进行检查，判断他们是否"适合"生存。"不适合"的儿童被遗弃在山坡上等死。被认为适合的男孩自七岁起由国家控制。他们住在军营中，接受严厉的纪律。他们的教育强调军事训练和对权威的服从。

段落 B

雅典儿童在七岁之前由母亲抚养，之后上层阶级的男孩被交给一名男性仆人，称为"教育者"。教育者陪同孩子上学，并负责教导孩子良好的礼仪。他可以用桦木棍惩罚孩子以施加纪律。

上层阶级雅典男孩的教育目的是培养一个全面发展的人。一个男孩有三个老师。第一个教阅读、写作和算术；第二个教体育；第三个教音乐。教育在十八岁时结束，男性正式成为公民。

（1）制作一个表格，一栏标为"斯巴达"，另一栏标为"雅典"。列出两个国家在抚养儿童方面的相似之处，然后列出不同之处。

（2）抚养儿童的相似之处和不同之处如何适应每个城邦的需求？

应用技能

围绕新闻的一个议题去调查你的同学们，用一段的篇幅总结他们的意见并比较他们不同的结论。

2. 理解因果关系

为什么要学习这个技能？

理解事件发生的原因和结果非常重要。是什么行动或情况导致了事件的发生？该行动或情况的结果或后果是什么？

学习技能

要理解因果关系，你需要知道事件是如何或为什么发生的。原因是使事件产生的行为或情况，结果是行为或情况的后果。要识别因果关系，请按照以下步骤进行：

- 识别两个或多个事件或发展。
- 确定一个事件是否导致了另一个事件。寻找"因果词"，如"因为""导致""带来""产生""由于""因此"等。
- 识别事件的结果。

现在用一张图表来帮助你认识起因和影响。阅读以下段落，看看这段是如何制成表格的：

附 录
技能培养手册

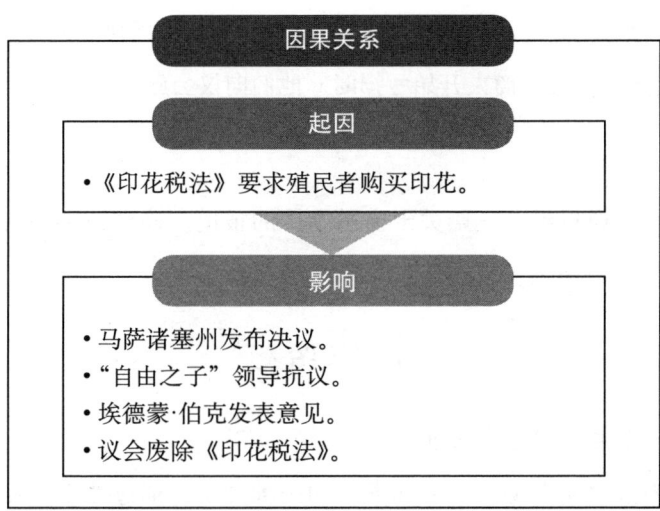

乔治·格伦维尔的财政计划包括《印花税法》，要求殖民者为法律文件购买印花。这项法案引发了最强烈的抗议。马萨诸塞州立法机构发布了一系列"决议"，坚持认为人民有"代表权"。波士顿的抗议组织"自由之子"举行了抗议游行，销毁了印花，并迫使印花分销商辞职。英国著名政治思想家埃德蒙·伯克为殖民者的立场辩护。1766年，议会废除了该法案。

练习技能

在一张单独的纸上，为以下每个陈述制作一个因果关系图。有些陈述可能有多个原因和结果。

（1）当乔治·格伦维尔成为英国首相时，他决定帮助乔治三世解决一些国家的财政问题。议会通过了格伦维尔的《印花税法》提案。

（2）《印花税法》包括一项规定，任何逃避印花税的人都将在没有陪审团的情况下受审。

(3)殖民地商人决定不再进口任何英国商品,直到可恶的《印花税法》被废除。当英国商人开始亏损时,他们向议会施压要求废除该法律。

应用技能

阅读当地报纸上一篇关于当前事件的报道。确定该事件的至少一个原因和一个结果。用图表展示因果关系。

3. 解读图表

为什么要学习这个技能?

图表是说明数据、事实和数字的一种方法。通过图表,你可以轻松比较变化或差异。例如,你的父母说你花太多钱买衣服。他们有一张你每周支出的条形图,衣服的条块每周都在增长。通过快速浏览,你发现他们是对的,并决定制作一张图表,说明你的零花钱没有跟上通货膨胀。

学习技能

基本上有三种类型的图表:

• 饼图

它们看起来像被分成不同大小的披萨,被用于显示比较和百分比。

• 条形图

为每个项目绘制单独的条块。条块的长度很容易说明差异或随时间而发生的变化。

• 折线图

每个项目由图表上的一个点表示。这些点通过一条线连接。你可

附 录
技能培养手册

以通过线的上升或下降来判断值的变化。

大多数图表还使用文字来标记信息。以下步骤将帮助你解读图表。

• 阅读标题和图例

如果图表名为"兰迪的每周服装支出",那么它将绘制兰迪每周的支出。每个条块都会标有每周的日期,并且每个条块所代表的金额会清楚地标明。

• 确定图表各部分之间的关系

通过查看每个条块,你可以看到该周的支出金额。通过比较条块,你可以看到兰迪的支出每周如何变化。

练习技能

上面的饼图比较了不同时期的时间长度。回答以下问题:

(1) 法国革命和帝国的六个时期中最长的是哪个?

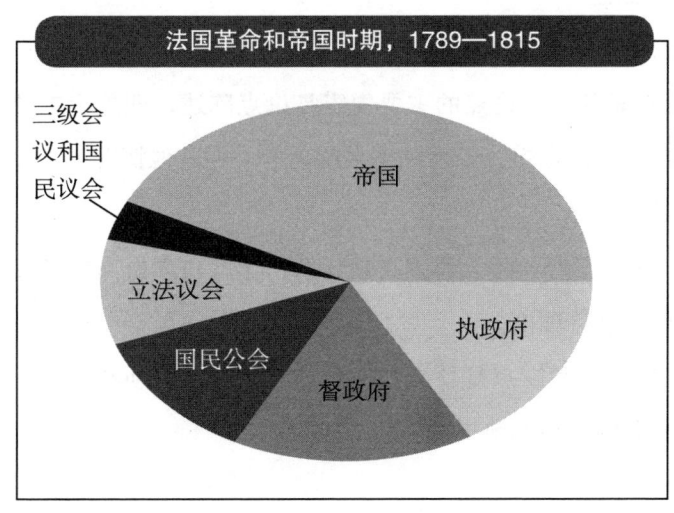

(2) 最短的是哪个？

(3) 拿破仑统治法国（他在执政府和帝国时期统治）的时间占总时间的百分比是多少？

(4) 督政府统治的时间占总时间的百分比是多少？

应用技能

选择最近的一天，列出你在24小时内的所有活动。现在创建一个饼图，显示一天的时间分配情况。

4. 识别论点

为什么要学习这个技能？

在日常对话中，"论点"一词指的是涉及两个或多个意见的冲突。在写作和正式辩论中，论点是单个意见的完整陈述。论点使用事实来支持特定的观点。在听到这些事实后，由你决定论点是否有效。

学习技能

有三个基本要素需要考虑：

- 论点是什么？论点的主要内容是论点陈述，即关于主题的基本立场。在某些论点中，论点陈述是明确的。在其他情况下，你必须仔细阅读以确定它。

- 支持的理由、例子和事实是什么？作者用理由支持论点，并用例子或事实支持理由。

- 它的优点和缺点是什么？考量这个论点的强项和弱项，看它如何被事实和例子很好地支持？

附录
技能培养手册

练习技能

阅读以下1842年发表在巴黎报纸《工坊》（*L'Atelier*）上的引文。然后回答以下问题。

谁没有听说过丝绸女工……每天工作14到16小时（除了一小时的用餐时间）；总是站着，没有一分钟的休息，付出了巨大的努力。而且，她们中的许多人早上和晚上要走一里格或更远的路回家，这常常是道德混乱的原因。我们也不应忽视在这些大型工厂工作的危险，周围是轮子、齿轮、巨大的皮带，总是威胁着抓住你并将你碾碎。没有一个工厂没有发生过某种事故——例如某个女工的头发或衣服被夹住导致其被粉碎又或者是某个手指或手的残废。

(1) 作者的论点是什么？
(2) 作者给出了哪些理由来支持这个论点？
(3) 哪些事实支持工作场所存在危险的说法？
(4) 你对作者的论点有何反应？

应用技能

找一篇围绕政治或历史议题发表论点的近文。识别其中陈述的论点以及支持论点的主要理由和支持论据。决定你是否接受或拒绝这个论点，并解释为什么。

5. 鉴定偏见

为什么要学习这个技能？

假设你看到一个广告，显示两个快乐的顾客与一个二手车销售员握手。广告说:"访问诚实的哈里,获得最好的车轮交易。"当晚,你看到一个调查二手车销售业务的电视节目。报告说,许多这类企业欺骗顾客。

每条信息都表达了偏见———一种抑制公正性的倾向或成见。哈里想卖车;电视节目想吸引观众。大多数人都有先入为主的观点,影响他们的判断。作为事实陈述的想法可能是观点。检测偏见使我们能够评估信息的准确性。

学习技能

在检测偏见时:

- 识别作者或演讲者的目的。
- 注意情感色彩强烈的语言,如"剥削""恐吓"和"欺骗"。
- 寻找引发强烈情感反应的视觉图像。
- 寻找过度概括词语,如"独特""诚实"和"每个人"。
- 注意强调特定想法的斜体、下划线和标点符号。
- 检查材料,确定它是否平等地涵盖了不同的观点。

练习技能

工业化在社会中产生了广泛的变化,对其效果产生了观点分歧。卡尔·马克思和弗里德里希·恩格斯在1848年的《共产党宣言》中提出了他们对工业化的观点。阅读以下摘录,然后回答问题。

资产阶级在它已经取得了统治的地方把一切封建的、宗法的和田园诗般的关系都破坏了。它无情地斩断了把人们束缚于天然尊长的形形色色的封建羁绊,它使人和人之间除了赤裸裸的利害关系,除了冷酷无情的"现金交易",就再也没有任何别的联系了。它把宗教虔诚、骑士

附　录
技能培养手册

热忱、小市民伤感这些情感的神圣发作，淹没在利己主义打算的冰水之中。它把人的尊严变成了交换价值，用一种没有良心的贸易自由代替了无数特许的和自力挣得的自由。总而言之，它用公开的、无耻的、直接的、露骨的剥削代替了由宗教幻想和政治幻想掩盖着的剥削。

(1) 有哪三个情感色彩强烈词语的例子？

(2) 根据马克思和恩格斯的说法，封建领主的剥削和资产阶级的剥削，哪个更不人道？为什么？

(3) 这段摘录中表达了作者对资产阶级的什么看法？

应用技能

找一份和你所在社区感兴趣话题相关的书面材料。可能的来源包括社论、致编辑的信、政治候选人或利益团体的小册子。写一份简短的报告，分析材料中呈现偏见的证据。

6. 评估网站

为什么要学习这个技能？

你的小妹妹背上出现了一种奇怪的皮疹，所以你决定上网查查是否是水痘以及应该如何治疗。然而，寻找时你发现了数十个网站，它们都在给出不同的建议。你如何确定哪个网站提供的信息最准确和最新？

互联网已成为一种宝贵的研究工具。它使用方便，信息丰富。不幸的是，一些网站的信息并不一定可靠。用户必须区分高质量信息和错误信息。

学习技能

要评估网站，请问自己以下问题：

• 网站来自哪里？如果它来自大学、知名组织或机构，或受人尊敬的出版物，那么信息可能是可信的。

• 网站上的事实是否有依据？这些信息最初来自哪里？作者是否明确标识？

• 网站其他部分的链接是否合适？它们是否带你了解更多关于主题的信息？

• 网站是否使用了多个来源的背景信息？如果是，网站是否包含参考书目？

• 网站上次更新是什么时候？

• 网站是否深入探讨了主题？

• 网站是否包含指向其他有用和最新资源的链接？一些网站更感兴趣的是销售而不是提供准确的信息。

• 信息是否易于访问？是否适当标记？

练习技能

访问关于埃米利奥·阿奎纳多的网站 *http://www.loc.gov/rr/hispanic/1898/aguinaldo.html*。然后回答以下问题。

（1）网站的作者或赞助者是谁？

（2）主页链接到哪些信息？这些链接是否与主题相关？

（3）网站上的信息使用了哪些来源？上次更新是什么时候？

（4）网站是否深入探讨了主题？为什么或为什么不？

（5）是否有指向其他有用资源的链接，它们是否最新？

(6) 阿奎纳多是什么时候出生的？找到这些信息的难易程度如何？

应用技能

比较网站 找到另外两个提供埃米利奥·阿奎纳多信息的网站。评估每个网站的准确性和有用性，然后将它们与前述网站进行比较。

7. 在地图上找到精确位置

为什么要学习这个技能？

一个朋友告诉你，她住在葡萄树街和橡树大道的西北角。通过给你两条交叉街道的名称，她精确指出了她的位置。我们使用类似的系统来识别地球上任何地方的精确位置。

学习技能

经过多个世纪，制图师开发了一种由假想线组成的网格系统——纬线和经线。纬线围绕地球东西方向展开。它们也被称为平行线。纬线测量赤道以北和以南的距离，赤道位于 0 度纬线。每条纬线相距一度，或 111 公里。赤道和每个极点之间分成 90 个纬度。例如，纽约市位于赤道以北 41 度，即 41°N。

经线，或子午线，从极点到极点南北方向展开。经线之间的距离并不总是相同。经线在赤道处相距最远，并在北极和南极相交。本初子午线标记 0 度经线，穿过英国格林威治和非洲西部。经线通过它们与本初子午线的东或西距离测量，各分成 180 度。例如，纽约市位于本初子午线以西 74 度，即 74°W。

通过这个系统，我们可以精确定位地球上任何地方的"网格地址"。例如，如果我们想找到纽约市的网格地址，我们首先找到最接近它的纬线。然后，沿着这条线，我们找到最接近它的经线。这两条线的交叉点就是网格地址。纽约市的网格地址是 41°N，74°W。

练习技能

使用地图回答以下问题。

（1）伊势的大致网格地址是什么？

（2）哪个城市位于大约 35°N，140°E？

（3）大阪的大致网格地址是什么？

（4）富士山的大致网格地址是什么？

应用技能

为古埃及、希腊或西南亚的旅行创建一个行程。选择 10 个参观地点。绘制每个地区的地图，包括网格线。然后，识别每个地点的网格位置。

8. 解读地图上的军事行动

为什么要学习这个技能？

战争因许多不同的问题而开始。由于战争通常是为了争夺土地而战，地图是查看战争"大局"的特别有用的工具。

学习技能

尽管许多问题都会引起战争，但图例解释了地图上的颜色和符号代表什么。使用以下步骤研究图例：

附 录
技能培养手册

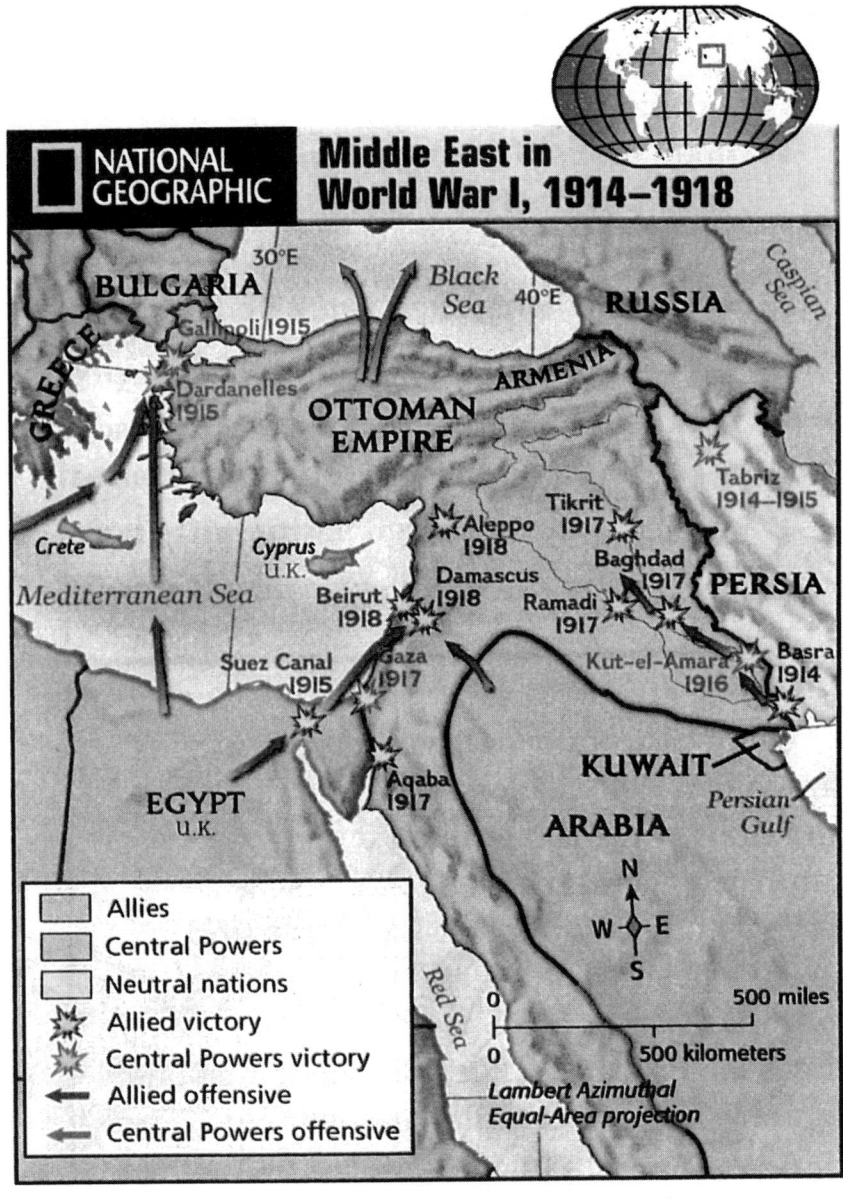

- 确定地图上颜色的含义。通常,颜色代表冲突中的不同方。
- 识别所有符号。这些可能包括战斗地点、胜利和军事单位及装备类型的符号。
- 研究箭头,它们显示军事行动的方向。由于这些行动是随时间发生的,一些地图会给出显示部队前进和撤退的时间和地点的日期。

一旦你研究了图例和地图,便能跟随所展示的战役的进展。注意每一方从哪里开始,向哪个方向移动,双方在哪里战斗,以及哪一方取得了胜利。

练习技能

上图显示了一战期间的中东战线。研究地图,然后回答以下问题。

- 阿拉伯和埃及站在哪一边?
- 谁赢得了达达尼尔海峡的战斗?
- 描述同盟国的行动。
- 协约国在中东赢得最多战斗的时间是什么时候?

应用技能

从本教材中选一张军事地图仔细加以研究,写一份报告描绘战争或冲突,在写作中你应该回应诸如大多数战役发生在哪里、最重要的推进发生在哪一年以及是否有决定性的胜利等问题,请将地图的副本附在你的报告中。

附 录
技能培养手册

9. 分析政治漫画

为什么要学习这个技能？

你最喜欢的漫画是什么？你为什么读它？许多人喜欢漫画，因为它们使用有趣或有趣的视觉效果来传达故事或想法。

漫画不仅出现在报纸的搞笑版面上。它们也出现在社论版面上，对政治问题发表意见。政治漫画已经存在了几个世纪，是很好的史料来源，因为它们反映了对当前事务的流行观点。

学习技能

通过使用夸张和符号，政治漫画家帮助读者看到关系并得出关于事件的结论。夸张是夸大一个细节，如主题的特征。漫画家使用夸张来创造正面或负面的印象。例如，如果漫画显示一个角色比另一个角色大三倍，这意味着一个角色比另一个角色更强大。

符号是代表其他事物的图像或对象。符号通常代表国家或政党。山姆大叔是美国的常见符号。要分析政治漫画，需要：

（1）彻底检查漫画。
（2）识别主题和主要角色。
（3）阅读标签和信息。
（4）注意人物和符号之间的关系。
（5）确定漫画在表达什么观点。

练习技能

在本章的下一节中，你将阅读到一战结束后欧洲崛起的几位独裁者，这幅 1938 年的政治漫画对独裁者以及西方民主国家对独裁者的

WOULD YOU OBLIGE ME WITH A MATCH PLEASE?

David Low, *London Evening Standard*

反应发表了看法。研读这幅漫画,并回答以下问题:

(1)图中的人物代表什么?

(2)为什么站立的人物如此庞大?

(3)站立的人物拿着什么东西?这东西会连接到何处?

(4)坐着的人在干什么?

这幅漫画传递的信息是什么?

应用这项技能

选一个你持有强烈观点的时事议题,画一幅政治漫画来表达你对此议题的观点,画完后给你的朋友看看你传递的信息是否清晰,修改你的漫画直至信息明确。

附 录
技能培养手册

10. 做出推断和得出结论

为什么要学习这个技能？

当你开车时，听到一则关于市中心火灾的新闻。当你接近市中心时，交通非常拥堵。你看不到任何烟雾，但推断交通拥堵是由火灾引起的。

推断意味着评估信息并得出结论。当你做出推断时，你得出的是没有直接陈述的结论。

学习技能

按照以下步骤做出推断并得出结论：

- 阅读以确定主要事实和观点，然后将它们写下来。
- 考虑你已知的与主题相关的信息。然后确定你的知识如何影响你所读到的内容。
- 你可以做出哪些没有在事实中明确陈述的推断？
- 运用你的知识和推理能力，对事实得出结论。
- 如果可能，找到具体的信息来证明或反驳你的推断。

练习技能

阅读下面的段落，然后回答后面的问题。

1930年，印度国民大会党（印度主要的民族主义组织）宣布要求完全独立。反对英国统治的抵抗运动开始了。3月，莫罕达斯·甘地给总督欧文勋爵写了一封信，告知他除非印度的要求得到满足，否则他将被迫违反盐法。这封信只是让总督感到好笑，于是甘地带着几名追随者前往海边的丹迪（Dandi）。在那里，甘地捡起一块天然盐，示意成千上万的人违反法律……甘地和成千上万的人被关进监狱。为了打破僵局,欧文同意与甘地进行会谈。后来,英国同意在伦敦举行会议,谈判可能的独立条款。甘地于1931年前往伦敦,但谈判无果而终。回到印度后,他再次被捕。

(1) 作者描述了哪些事件?

(2) 提供了哪些事实?

(3) 关于这一时期英国政府,你可以做出什么推断?

(4) 关于甘地和印度人民,除了作者明确陈述的内容外,你还能得出什么结论?

应用技能

扫描报纸或杂志上的政治漫画,将其粘贴在一张纸或海报板上。在下面列出基于漫画的三个推断。

11. 整合信息

为什么要学习这个技能?

想象一下,你正在为一个新的课后俱乐部争取资金。为了陈述你的观点,你需要与其他学生、学校管理人员交谈,并阅读报告和文章。一旦你收集了所有需要的信息,你将整合最重要的观点。

整合信息涉及将两个或多个来源的信息结合起来。整合信息的能力很重要,因为从一个来源获得的信息通常会对其他信息产生新的启示。这就像将拼图的各个部分拼在一起,形成一个完整的画面。能够整合信息将帮助你更有效地阅读和写作。

附 录
技能培养手册

学习技能

要写一份研究报告,你需要研究多个来源。一旦你收集了足够信息,就将其综合成一份报告。在此之前,分别分析每个来源的价值和可靠性。然后,寻找不同来源之间的联系和关系。

练习技能

研究本页的段落和照片。

在第二次世界大战中,轰炸被用于各种目标,包括军事目标、敌军和平民。"二战"中对平民的轰炸使后方变得危险。在第一次世界大战的最后一年,曾进行过几次轰炸。轰炸及其影响引发了这样的论点:轰炸平民将是迫使政府达成和平的有效方式。

从1940年9月初开始,德国空军每晚轰炸伦敦和许多其他英国城市和城镇。英国人称之为"闪电战"的德国空袭成为一种全国性的经历。伦敦人首当其冲。他们保持士气的能力为英国其他地区树立了标准。

1941年被轰炸的苏格兰城市

(1) 这段文字的主要观点是什么？

(2) 这张照片告诉你关于这个主题的什么信息？

(3) 通过综合这两个来源，你对英国轰炸有什么了解？

应用技能

找到关于当前事件的两个信息来源，并写一份简短的报告。在报告中，尽可能使用一个主要来源和一个次要来源。回答以下问题：这些来源的主要观点是什么？每个来源如何增加你对主题的理解？这些来源是相互支持还是相互矛盾？如果有矛盾，你将如何在报告中包含这些冲突的信息？

12. 分析主要和次要来源

为什么要学习这个技能？

假设一场毁灭性的龙卷风袭击了附近的一个城镇。当晚，你在电视上观看了对一位目击者的采访。目击者哭泣着描述自己家和社区被破坏。第二天，你阅读了一篇描述龙卷风路径的报纸报道。这两个关于同一事件的描述，哪一个更准确？

学习技能

要确定一个描述的准确性，你必须分析其来源。来源主要有两种类型——主要来源和次要来源。

主要来源是由事件的目击者制作的。日记、信件、自传、采访、文物和绘画都是主要来源。由于主要来源传达了直接的经验，它们通常包含情感和观点。

次要来源使用从他人处收集的信息。报纸、教科书和传记是次要

附 录
技能培养手册

来源。次要来源是在事件发生后编写的，以便将事件放在更大的背景或时间框架中。

要确定来源的可靠性，首先要考虑你使用的是哪种来源。如果是主要来源，确定它是什么时候写的以及是谁写的。在事件期间或之后立即写的描述可能包含其他地方没有的信息，但它也可能来自事件的参与者。因此，主要来源更可能只反映一个观点。如果你使用的是次要来源，要寻找良好的文献记录。研究人员应在脚注和参考文献中引用他们的来源。

对于这两种类型的来源，需要评估作者是否有偏见？他或她有什么背景和权威？

练习技能

阅读以下摘录并回答问题：

- 斯大林写信给丘吉尔，说选举是解决波兰政治路线问题的唯一方法。选举日期已定。这基本上是一次公投，以决定波兰人民信任谁以及他们希望谁成为领导人……选举对我们来说是成功的，对丘吉尔来说是失败的……波兰工人党及其盟友获得了绝对多数的选票。

——《赫鲁晓夫回忆录》，1974 年，第 171-173 页

- 从波罗的海的斯德丁到亚得里亚海的的里雅斯特，一道铁幕已经降落在欧洲大陆上。在这条线后面，是中欧和东欧古老国家的首都……所有这些著名的城市及其周边的人口都处于我所谓的苏联势力范围内……在这些东欧国家中，共产党原本非常弱小，现在却

被提升到了超越其数量的显赫地位和权力，并正在各地寻求获得极权控制。

——温斯顿·丘吉尔，威斯敏斯特学院，1946 年

（1）这两个来源的总体主题是什么？

（2）确定主要来源。

（3）一个描述比另一个更可靠吗？如果是，为什么？你怎么知道？

应用技能

找到关于最近事件或历史事件的两个描述。分析每个描述的可靠性。记录你是如何得出结论的。

13. 总结信息

为什么要学习这个技能？

想象一下，你已经开始阅读关于冷战结束的一章，准备参加测验。短暂休息后，你意识到你无法回忆起重要的信息。为了避免这个问题，你可以做什么？

当你阅读长篇内容时，做笔记是很有帮助的。总结信息——将大量信息简化为几个关键短语——可以帮助你记住主要观点和重要事实。

学习技能

要总结信息，请在阅读时遵循以下准则：

- 区分主要观点和支持细节。在总结中使用主要观点。

附　录
技能培养手册

- 用自己的话描述主要观点。不要逐字复制原文。
- 如果你认为作者的观点很重要，请总结作者的观点。
- 如果总结几乎和原文一样长，那么你包含的信息太多了。总结应该非常简短。

练习技能

阅读下面的段落，然后回答问题。

随着苏联人在1980年代试图与美国快速发展的技术竞争，他们发现自己面临几个障碍。低效的体制为工人提供了很少的激励。苏联人无法在维持庞大武器库的同时为人民提供基本的食物、住所和衣物。当里根总统访问柏林并说"戈尔巴乔夫先生，拆掉这堵墙"时，变革的压力已经在积聚。到1989年，共产党已经失去了对东欧的控制。不久之后，美国和苏联签署了《削减战略武器条约》，苏联自身也作为一个国家不复存在。

（1）这段文字的主要观点是什么？
（2）支持主要观点的细节是什么？
（3）写一个两到三句话的简短总结，帮助你记住这段文字的内容。

应用技能

阅读并总结两篇报纸头版文章。让同学向你提问。总结信息后，你能记住多少内容？

14. 撰写报告

为什么要学习这个技能？

你已经学会了做笔记、列提纲和寻找研究论文的来源。现在，你如何将这些技能结合起来，真正写出一份报告？

学习技能

使用以下指南帮助你撰写报告：

• 选择一个有趣的主题。在确定可能的主题时，关注可用的材料。进行初步研究，以确定你的主题是否过于宽泛或过于狭窄。例如，20世纪的巴西是一个非常宽泛的主题。将其缩小到20世纪的一个事件，例如首都巴西利亚的建设，或某个时间段。如果你发现很难找到信息，说明你的主题可能太窄了。

• 写一个论点陈述。论点定义了你想在报告中证明、发现或说明的内容。

• 准备并研究你的主题。列出主要问题，然后进行研究以回答这些问题。为每个主要问题准备笔记卡，列出来源信息。

• 组织你的信息。使用提纲或其他组织工具。然后按照你的提纲或组织工具撰写报告的初稿。

• 报告包括引言、主体和结论。引言简要介绍主题并给出你的论点陈述。主体应按照你的提纲展开论点中的重要观点。结论总结并重申你的发现。

• 修改初稿。在撰写报告的最终稿之前，等待一天，然后重新阅读并修改你的初稿。

练习技能

假设你正在撰写一篇关于《亚马逊雨林生态变化》的报告。回答以下关于写作过程的问题。

（1）一个可能的论点陈述是什么？

（2）三个主要问题是什么？

（3）三个可能的信息来源是什么？

（4）撰写报告的接下来两个步骤是什么？

应用技能

回顾你为《亚马逊雨林生态变化》报告找到的论点、问题和资源。使用这些信息，继续你的研究，组织你的信息，并撰写一份简短的报告。

15. 区分事实与观点

为什么要学习这个技能？

想象一下，你正在观看两位总统候选人辩论大学贷款计划的优劣。一位说："在我看来，大学贷款计划必须改革。60%的学生没有按时偿还贷款。"

另一位回答说："大学费用正在飙升，但只有30%的学生拖欠贷款超过一年。我认为我们应该在这个有价值的计划上投入更多。"

你如何判断该相信谁或什么？

学习技能

事实是可以被证明为真实的陈述。在上面的例子中，"60%的学生没有按时偿还贷款"是一个事实。通过审查谁偿还了贷款的统计数据，我们可以确定它是真是假。要识别事实，请寻找表示特定人物、地点、事件、日期和时间的词语或短语。

观点表达了个人的信念、观点或情感。因为观点是主观的，我们无法证明或反驳它们。观点通常包括诸如"我认为""我相信""可能"或"在我看来"等限定词和短语。此外，还可以寻找表示赞同或不赞同的表达，如"好""坏""差"和"满意"。

练习技能

阅读以下关于恐怖主义的陈述，确定哪一个是事实，哪一个是解释性陈述。给出你的理由。

第一组

• 我在政治生涯中做出的任何决定都没有像决定在伊拉克开战那样具有分裂性。

• 我们已经进行了三次调查，包括由赫顿勋爵进行的为期六个月的调查。

第二组

• 我们于10月和11月在联合国谈判安理会第1441号决议。

• 正是在这里，我如此强烈感觉到，我们正处于致命危险之中，因为我们误解我们所置身的新世界的性质。

应用技能

在你当地的报纸上找到一篇新闻文章和一篇同一主题的社论。从这些来源中识别三个事实和三个观点。

附 录
技能培养手册

16. 阅读统计地图

为什么要学习这个技能？

地图按陆地面积的比例显示国家。例如，日本比中国小得多，在地图上也是这样描绘的。然而，日本的国民生产总值比中国大[①]。如果我们想在地图上描绘国民生产总值的大小，它会是什么样子？

统计地图是国家根据陆地面积以外的其他值显示的地图。它们可能描绘人口或经济等特征。统计地图扭曲了国家的大小和形状。这使得读者一眼就能看出每个国家或地区如何相互比较。因此，在显示国民生产总值的统计地图上，日本看起来比中国大。

学习技能

要使用统计地图：

• 阅读标题和图例，以确定统计地图所展示的值。

• 检查统计地图，看看哪些国家或地区出现。

• 找到最大和最小的国家。

• 将统计地图与传统的陆地面积地图进行比较，以确定特定国家的扭曲程度。

练习技能

研究统计地图并回答问题。

（1）统计地图的主题是什么？

（2）展示了哪些经济体？

---

① 原书出版时如此。

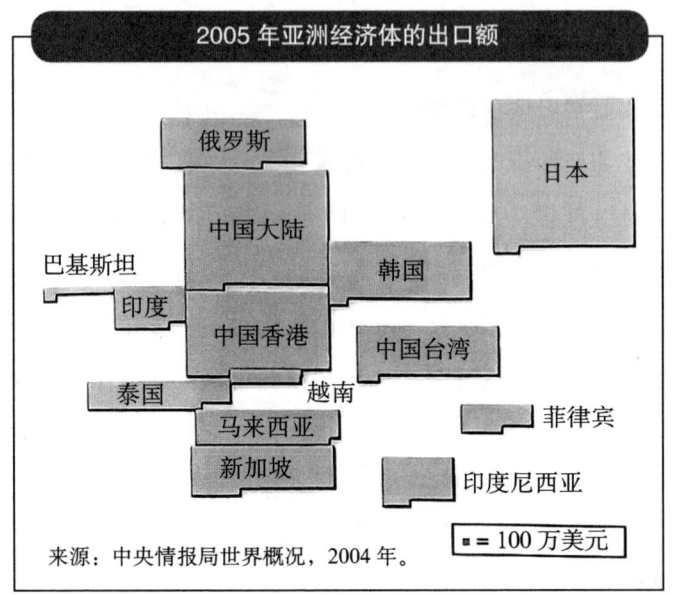

(3) 在统计地图上，哪个经济体看起来最大？哪个经济体看起来最小？

(4) 将统计地图与传统地图进行比较。哪些经济体的大小与陆地面积地图相比扭曲最大？

(5) 是什么导致了这些扭曲？

应用技能

在图书馆找到不同国家的统计数据进行比较。例如，你可以比较北美的石油使用量。

将这些统计数据转换为统计地图。根据所选值确定每个国家的相对大小。如果美国消耗的石油是墨西哥的五倍，那么美国应该看起来是墨西哥的五倍大。

附 录
技能培养手册

17. 做出概括

为什么要学习这个技能？

概括是从具体事实中得出的普遍陈述或原则。以下是一些关于世界人口增长的事实。

世界人口	1750 年	1800 年	1950 年	2000 年
	7.6 亿	10 亿	12 亿	61 亿

从这些事实中可以得出一个概括：世界人口正在以越来越快的速度增长。当你想总结大量信息且不需要详细的信息时，概括是有用的。

学习技能

要做出有效的概括，请按照以下步骤进行：

• 确定主题。上面的例子比较了四个不同年份的世界人口。

• 收集相关事实和例子。每两组日期相隔 50 年（1750 年和 1800 年；1950 年和 2000 年）。

• 识别这些事实之间的相似之处和不同之处。在例子中，人口有所增加，但 1950 年到 2000 年之间的增加更大。

• 使用这些观察结果形成关于主题的一般陈述。1950 年到 2000 年期间，世界人口增长速度快了多少？

练习技能

阅读以下来自人口参考文献局（人口趋势的标准来源）在线报告的摘录。然后回答问题。

1800 年，世界绝大多数人口（86%）居住在亚洲和欧洲，其中 65% 在亚洲。到 1900 年，欧洲在世界人口中的份额上升到 25%，这是由于工业革命带来的人口增长。其中一些增长也蔓延到美洲，增加了它们在世界总人口中的份额。

"二战"后，世界人口增长加速，当时欠发达国家的人口开始急剧增加……人类人口爆炸性增长，一次又一次地翻倍；1960 年到 1975 年间增加了 10 亿人；1975 年到 1987 年间又增加了 10 亿人。在整个 20 世纪，每增加 10 亿人所用的时间越来越短。人类人口在 20 世纪初有 16 亿人，到 20 世纪末有 61 亿人。过去 200 年的增长在历史时间线上显得具有爆炸性。这种增长对生活水平、资源使用和环境的影响将在未来继续改变世界景观。

——人口参考文献局，2004 年

根据这段摘录，判断每个陈述是否有效。
（1）欠发达国家的人口增长促成了人口爆炸。
（2）20 世纪的新技术是人口增长的主要原因。
（3）很快，世界将没有足够的食物来维持其人口。

应用技能

在接下来的三周内，阅读当地报纸的社论。写一份关于报纸对讨论过的问题（无论是国家还是地方问题）立场的概括清单。

后　记

2013年8月初，我爸爸到加州大学洛杉矶分校做访问学者，在国内应该读初三的我随行在洛杉矶威尼斯高中读九年级（美国高中学制四年）。2014年9月回国，我在一所高中上了十几天课后，班主任告诉我必须重新去读初三，因为2014年全国学籍改革了——学籍电子化，一人一号伴随终身，我没有参加中考，就不能有高中学籍。

我回到了原来的初中，准备读初三，复习参加中考。可是由于2014年3月我办理了休学手续，按照规定要休学一年，到2015年3月才能复学，也就是说初三下学期我才能回学校上学。

所以，2014年9月初到2015年2月底这段时间我"被辍学"了。

在我"辍学"的一个学期里，我的时间完全自由支配。我几乎每天都随妈妈去大学图书馆自习，当我回顾美国历史老师布切里先生的课堂时，体会到了温故知新的快乐。

那段时间，我重新阅读《老师的谎言：美国历史教科书中的错误》，发现了这段文字：

的确，好公民是我们所需要的，但是'好公民'究竟是什么意思呢？（历史课的）基本使命：让学生长大后'像个美国人'

做好自己的工作。再者，什么是我们作为美国人该做的工作呢？的确，那就是'使美国的未来变成现实'。我们这个国家的特征应该如何确定？它应该如何平衡公民自由与监视潜在恐怖分子之间的关系？好公民就需要能够对我们的领导人以及未来的领导人所提的各种主张进行评价。他们必须批判性阅读，必须去伪存真，并且能够理解历史的前因后果。在任何称职的历史课中，这些本领的培育都应处于核心地位。

这段文字使我更加领悟到我的老师布切里先生是位称职的历史老师，他的历史课堂很明显是要培养"好公民"，在他的课堂上他会引导学生去思考"我们这个国家的特征应该如何确定"，他会训练学生批判性阅读，训练学生如何像历史学家一样阅读和思考。

我以这本书向尊敬的历史老师布切里先生致敬和致谢。

同时感谢我的爸爸，是他鼓励我去体验美国的历史课堂。如果没有他的鼓励和推动，我不会放弃化学课而选择历史课，毕竟对于我，一个母语非英语的"外国学生"而言，文科的挑战肯定会比理科大。也是在爸爸的引导下，我才能更自觉更深入地体验美国历史课堂。爸爸常常会问我三个问题：你的历史课本说了什么？你的历史老师讲了什么？你有什么自己的观点？

也要感谢我的妈妈，她是一个很好的倾听者和讨论者。在我决定写这本书的时候，是她教会了我如何使用图书馆资源，如何准确而快速地搜集自己需要的资料。